그대가 아프니

설조스님, 41일간의 단식 이야기

밥을 굶는다

일러두기

1. 이 책은 우리나라 불교현대사를 나름 공부하려는 작가의 의도를 반영했다.
2. 이 책에서 벌어지는 사건은 주요 일간지와 주간지, 불교신문 기사를 토대로 했다.
   따라서 실명과 법명으로 등장하는 인물 역시 신문 기사의 내용을 인용했다.
3. 불교현대사를 참고한 자료는 다음과 같다.
   * 나는 불교를 이렇게 본다(김용옥 저, 통나무 간)
   * 이이화의 이야기 한국불교사(이이화 저, 불광출판사 간)
   * 1994년 대한불교조계종 개혁종단의 성립과 의의(김순석 저, 대각사상연구원 간)
   * 불교교단의 치부를 도려낸 자정운동(이재형 씀, 불교평론 간)
   * 신문으로 보는 불교 근현대사 1,2권(선우도량 편집부 저, 간)

그대가 아프니

설조스님, 41일간의 단식 이야기

밥을 굶는다

고원영

천지간

작가의 말

왜 그랬는지 그들의 박박 깎은 머리를 보면 연민을 느꼈다. 이미 오래전부터 남들과 확연히 구별되는 슬픔이 내 마음속에 박혀 있었는데, 그 시퍼런 알머리와 다르지 않았다. 그들이 입는 먹물 옷, 그들이 신는 흰 고무신에 내 몸, 내 발을 끼워 넣으면 아주 꼭 맞을 것 같았다.

이상하게도 나는 전생에 중이었다는 말을 자주 들었다.

전에는 탁발승들이 대문 앞에서 목탁을 치고는 쌀을 얻어가곤 했다. 하루는 열린 문으로 스님이 불쑥 들어와서 내게 합장을 했다. 그때 나는 볕 바른 툇마루에 앉아있던 초등학교 5학년이었다. 그가 시주를 부탁하기도 전에 나는 쌀을 한 바가지 퍼서 바랑에 부어주었다. 그랬더니 그가 들릴락 말락 중얼거린다.

"전생에 스님이었네요."

그 말에 내 삶의 시작을 어머니 뱃속으로만 알았던 나는 섬뜩했다.

그 후 나는 우연이라고 하기에는 너무 자주 같은 얘기를 들었다. 전생에 스님이었네요.

그 말이 씨였던가, 한때 나는 밥 먹듯 출가를 꿈꾸었다. 부모형제와 심하게 다투거나 애인과 헤어졌을 때 그랬지만, 문득 앉은 자리를 박차고 일어나 머리를 박박 깎고 싶은 충동을 느낀 적도 있었다. 한밤중에 집을 나와 산문(山門) 근처를 서성이기도 했다. 늘 출가를 꿈꾸었으므로 나는 오히려 절에 가는 걸 꺼렸다.

서른여덟 때다. 출가는 못했지만 결국 나는 계를 받았다. 처자를 거느린 사람으로서 스님에의 꿈은 접어야 했다. 그리하여 말법시대라고 하는 지금 불교신자로 살아가고 있다.

스님들은 금강경을 인용하며 모두가 자기 삶의 주인공이라 했다. 그렇지만 정작 자신들은 돈과 권력에 주인공 자리를 내주고 말단 배우로 살아가고 있었다. 부처도 보살도 마다하고 시줏돈과 주지 자리에 집착한다. 자본주의 사회에서 먹고 살려고 출가했는데 그들에게 돈을 버리고 수행만 하라는 건 무리라고 얘기하는 사람도 있다. 물론 소수의 권승에 한해서라지만, 한때 중이 되기를 꿈꿨던 나로선 유난히 실망이 컸다. 책으로 읽은 옛 스님들의 푸른 서슬, 상식을 뛰어넘는 무애행을 요즘 스님에게서 찾아보기란 불가능했다. 그렇다고 수행에만 전념하는 고지식한 스님이 눈에 띄는 것도 아니었다. 나나 그들이나 별수 없는 생활인이었다. 길에서 가끔 그들을 마주치지만, 허리를 굽혀 인사할 마음이 내키지 않았다. 어려웠다. 다시 탁발승이 대문 앞에서 목탁을 두드리면 교회에 다닌다고 소리치겠다. 나도 모르게 그들에 대한 미움이 커져 있었다. 내가 절보다는 자연에 내 마음을 의탁하여 우리나라 순례길을 걷는 것은 그 때문인지도 모른다.

설조스님을 보는 순간 옛 스님이 생각났다. 옛 스님의 기질이 살아 있었다. 노스님은 단식을 선언하면서 백척간두(百尺竿頭), 백 자나 되는 높은 장대 위에 올라섰다.

그는 장대 위에서 잘못을 사과했다. 잘못된 과거라고 했다. 그는 사과함으로써 과거의 속박에서 벗어났다.

그의 단식은 몸이라도 바쳐서 저 무도한 조계종 기득권 세력에 저항하겠다는 것이지만, 어떤 사람에게는 자신의 아픔을 대신하는 것처럼 보였다. 그는 죽음을 준비하고 있었다. 그는 인간의 기본적 욕망의 하나인 밥을 굶어 미래로부터도 자유로워지려고 했다.

밥을 먹지 않으면 배고프다. 배고픔은 삶을 재촉하는 몸의 신호다. 제때 밥을 먹지 않으면 몸에 병이 깃들고, 병이 깊어지면 죽음도 깃든다. 밥을 먹지 않을 때 느끼는 불안은 병과 죽음에 대한 불안인 것이다. 결국, 설조스님의 단식도 부처의 출가 사유인 생로병사와 맞닿아 있었다.

설조스님이 백척간두에서 한 발을 내디뎠는지 아닌지 내겐 그리 중요하지 않다. 설조가 죽음으로 삶을 완성하지 못했다고 말하지 마라. 나는 그에게서 스님을 보았다.

그리하여 다음 생에는 꼭 스님으로 태어나기를 발원했다.

2018년 8월 27일 계동에서 고원영이 쓰다.

말로써는 내 생각을
전하기 어려워
밥을 굶기로 했습니다

– 2018년 7월 9일,
우정국에서 설조스님

부처가
오셨네!

아들과 며느리, 손녀손자를 거느린 노부부가 설조스님의 단식장을 찾아왔다. 할아버지가 말했다.

"여보, 삼배 올립시다. 애들아, 삼배 올려라. 저 분이 부처님이시니."

말법시대라고 한탄하는 시대에 마침내 부처가 왔다.

부처는 어디서 왔는가? 도솔천에 계신 미륵부처가 시간을 앞당겨 내려오셨나? 원래 미륵부처는, 부처 사후 56억 7천만 년이 지나서야 내려오기로 돼 있다. 그런 부처가 오탁악세에 물든 세상을 도저히 두고 볼 수 없었나? 그런데 아니다. 부처는 뜻밖에도 샌프란시스코에서 비행기를 타고 왔다.

설조스님이라는 노스님이 조계사에 왔다. 성철이나 법정처럼 한 시대를 법력으로 풍미한 스님도 아니고, 혜민이나 법륜처럼 책이나 방송으로 세상에 잘 알려진 스님도 아니었다.

세상은 잠잠했다. 단지 조계사만 시끄러워 스님과 스님 사이, 스님과 일반신도 사이, 일반신도와 종무원 사이에서 욕설을 오가고 엎치락뒤치락 몸싸움이 벌어졌다.

설조는 쫓겨나다시피 자리를 옮겨야 했다. 그의 단식 장소는 조계사에서 가장 햇빛이 들지 않는 우정국 뒷마당이었다. 낮이고 밤이고 노숙자와 부랑자들이 뒹구는 곳, 사시장철 오줌 지린내와 술 냄새가 괴어있는 곳. 그곳에서 훗날 거룩한 부처님으로도 불린 설조의 단식 선언이 시작된다.

말법시대에는 부처의 올바른 가르침이 더는 통용되지 않는다. 인간의 윤리와 도덕이 극도로 타락해 말세라고도 부르는 시대이다. 대관절 대한민국 불교가 어떤 상황이기에 이리도 빨리 말법시대를 불러왔을까.

최근 통계청이 발표에 따르면, 불교인구 300만 명이 급감했다고 한다. 혹자는 통계청 조사방법에 이의를 제기하지만, 절에 다니는 불자치고 고개를 끄덕이지 않는 사람이 드물다.

이유는 여러 가지다. 우선 애를 낳지 않는다는 것이다. 낮은 출산율로 요약되는 이 문제는 우리나라뿐 아닌 세계적인 추세이다. 애를 적게 낳다 보니 출가자들이 줄어들 수밖에 없다.

우리나라에서 유일한 승려전문교육기관인 중앙승가대학교의 한 해 입학수가 30명을 밑돈다고 들었다. 사정이 이러하니 등록금을 받아 대학을 운영하기 어려운 형편이다. 학교는 조계종의 지원이 절실한 형편이고, 조계종은 조계종대로 부담을 떠안아야 하는, 구조적 악순환에 고전하는 모양이다.

그러나 우리나라 불교신자들이 주목하는 것은 그런 외부적인 요인이 아니다. 불자들의 입에 오르내리는 허물은 무엇보다 출가자라고 부르는 스님들의 부패다. 절에 가면 문이 열려 있다. 일주문이나 사천왕문은 물론 대웅전, 관음전, 명부전 문이 활짝 열려 있어 언제든 그 안을 들여다볼 수 있다. 법당 안이 환한 건 열린 문으로 마당을 가득 채우고도 남는 햇빛이 들어오기 때문이다. 덩달아 절에 가면 마음이 열리고 그 열린 마음으로 햇빛이 들어온다. 반야바라밀다심경의 구절처럼 숨김이 없고 걸림이 없는 느낌에 빠져든다.

그런데 절을 자세히 들여다보면 그렇지 않다고 한다. 스님들이 속인이라 부르는 일반인들보다도 돈을 밝힌다는 것이다. 종무소에 근무하다 스님들 꼬라지를 도저히 볼 수 없어 그만뒀다는 어느 여성이 핏대를 세운다. 들어보니 절의 공식 창구인 종무소가 아니라 스님의 호주머니로 들어가는 시주금, 회계 부정확에 따른 착오, 사찰운영과 별 관련 없는 지출 항목…… 주로 돈 문제이다.

수행자로서 계를 지키지 않는 범계도 지적한다. 오계에서

금하는 술은 물론 조계종의 종법인 '독신비구'조차 지키지 않는다는 것이다. 꽤 많은 승려에게 숨은 여자가 있다는 소문이 공공연히 돌고 있다. 조계종의 최상위 소임자인 총무원장, 교육원장, 포교원장이 모두 과거 여자를 거느렸거나 현재에도 거느리고 있다는 의혹에 싸여 있다.

경악할 노릇은 여자와의 육체관계가 타협에 의한 것이 아니라 강간을 통해 맺어졌다는 소문이다.

이른바 큰스님이라 부르는 스님들의 이런 행태는 그들이 왜 출가하여 수행자를 자처하는지 근본적인 의문을 품게 한다. 절에 오래 다닌 신도들은 뜻밖에도 조용하다. 큰스님이건 작은 스님이건, 그 사이에 있는 중간스님이건 오계를 범하는 것이 낯선 모습이지 않기 때문이다.

어느 주지는 법회 때마다 농담 비슷하게 꺼낸다. 보시함에 천 원이 뭐야. 만 원짜리는 남편 주고, 오만 원짜리는 절에 가져와. 오죽하면 그 주지 별명이 '돈좀주지'일까. 불자들의 높아진 지성에 이르지 못하는 수준 미달의 법문이 불교발전의 장애임이 틀림없다.

하루가 멀다고 급변하는 세상에서 스님들은 변화할 조짐을 보이지 않는다. 별로 돈도 안 되는 템플스테이를 왜 하냐고 투덜거리는 스님도 있다. 템플스테이를 해서라도 신도수를 늘이겠다는 생각보다는, 대형사찰 주지 자격을 얻어 한탕 하겠다는 것이 꿈이란다.

어떤 스님은 신도들 듣는 데서 코 묻은 시줏돈보다는 정부 지원금이 입맛에 맞는다고 거리낌 없이 토해낸다. 물론 대형 사찰에 가려고 총무원에 줄을 대는 무리도 있다.

불교인구가 조만간 바닥을 치고 증가할지, 아니면 이제부 터 본격적으로 감소하기 시작한 것인지 알 수 없다. 유감스럽 게도 내가 생각하기엔 후자에 가깝다.

설조스님이 왔다. 단식이 길어지면서 그는 점점 부처를 닮 아가고 있었다. 그는 어떤 스님인가. 샌프란시스코를 오고간 다는 그의 행적을 듣고 나는 '나옹록'에 등장하는 인도인 지 공선사를 떠올렸다. 지공은 나옹에게 가사와 함께 법맥을 전 승한 수승한 스승이었다.

그런 지공이 입적했을 때 나옹은 매우 담담하게 스승을 회 고했다.

푸른 두 눈, 뚫린 두 귀

오랑캐 수염에 얼굴은 검어라

그저 이렇게 오셨다가 이렇게 가셨을 뿐

설조는 물론 오랑캐가 아니었다. 지공처럼 눈·귀·코·혀·몸·생각을 지닌 사람일 뿐이다. 게다가 지팡이를 짚은 여든여덟의 노인이다. 조계종 비리를 언급하는 그의 말투는 느릿하고 어눌했다. 기묘한 모습으로 둔갑하거나 신통술을 부리지도 않았다. 그러나 설조에게는 사실을 사실대로 말할 줄 알고, 불의를 불의라고 말할 수 있는, 신통 이상의 능력이 있었다. 그 능력을 무엇에 비유할 수 있을까. 누구나 생로병사를 겪되, 생로병사에 대해 깊이 생각하지 않았을 때 부처가 생로병사의 이치를 무상이라 정의한 것과 같다고 할 수도 있겠다. 나는 그것을 팔정도의 하나인 정견(正見)이라 생각한다. 사실을 있는 그대로 본다는 것. 수행자로서 응당 갖춰야겠지만 한국 불교의 다른 스님들에게는 없는, 혹은 있다가 도태된 진리가 설조에게는 살아있었다. 노스님은 그 능력 아닌 능력으로 한국 불교의 문제점을 매우 직설적으로 지적했다. 돈! 여든여덟 살의 부처님은 1994년도 불교 개혁 당시 해결하지 못한 문제를 돈이라고 일갈했다.

무더위가 일찍 찾아온 2018년 6월 20일이었다.

당신이
소임자야?

"당신이 소임자야? 소임자냐구?"

조계사 스님이 소임자임을 내세워 설조스님 단식선언에 몰려든 사람들을 쫓아냈다. 물론 여든여덟 설조도 쫓겨났다.

조계사 스님은 행사를 내세워 조계사에서의 단식선언이 불가하다고 주장했다. 그때만 해도 그런가 보다 했다. 그러나 날이 갈수록 그 행사가 훼방을 위한 맞불집회임이 드러났다.

훗날 생각하니, 설조의 단식을 간접적으로 방해하려고 조계사에서 신도들을 동원해 일주문에 의자를 깔고 제단을 차려 '조계사 성역화불사 기원법회'라는 이름을 붙였다고 의심할 수밖에 없었다. 조계사가 일주문에서 그런 법회를 연 것은 그때가 처음이었다. 대형 스피커에서 귀가 따갑도록 목탁소리와 염불소리가 들려오는데, 일주문에 앉은 신도들은 이상할 정도로 무표정했다.

조계사 마당에 설치한 가설무대에서 한바탕 싸움이 났다. 설조스님의 단식을 지지하는 '법륜승가회'란 이름의 종회의

원, 종법을 어겼다는 이유로 징계를 당했거나 멸빈된 스님들, '적폐청산시민연대'란 이름의 개혁 세력, 그들을 말리는 조계종 호법부 스님과 종무원들이 서로 엉켰다.

그 가운데 가장 목소리가 큰 쪽은 조계사에서 '소임'을 맡고 있다는 스님이라는 사실을 그 자리에 있던 누구도 안다. 누굴 이해시키거나 타이르는 말투가 아니었다.

"이보게 젊은 스님, 좀 차분히 이야기하게."

조계종단의 원로 설조스님이 타일렀지만, '나가라고' 다그치는 소리를 멈추지 않았다. 땅에 떨어진 승단의 위계가 바로 눈앞에서 보였다. 그 자리에서 어렸을 때가 기억났다. 좁은 골목에서 야구공을 던지다 이층집 유리창을 깨뜨린 적 있다. 그때 집주인이 뛰어나와 지르는 호통에 아이들은 얼마나 주눅이 들었던가.

한편으로는 그 호통을 어디선가 들어본 것도 같았다.

불자라면 누구나 한 번쯤 그 비슷한 호된 꾸지람을 듣고 절에서 쫓겨난다. 법당 보살이나 불목하니의 매정함도 만만치 않다. 문화재에 대고 사진을 찍었다고 야단맞는다. 법당인지 아닌지 모르고 뛰어노는, 아이들의 사소한 부주의도 절대로 용납받지 못한다. 사찰 규정을 어겼으니 그러려니 생각하지만, 그 당장 얼마나 기분이 나쁜가. 어떤 종무소 직원은 군사독재 시절 공무원처럼 무뚝뚝하고 불친절하다. '종교란 친절'이라고 달라이 라마가 말했다지만 한국의 절에서만큼은 예외다. 한마디로 절 인심이 사나워졌다고 입을 모은다.

조계사 스님의 추궁에 어떤 보살(여자 신도)이 항변했다.

"내 절 내가 오는데 왜 그래요?"

조계사 스님이 눈썹을 꿈틀댄다. 누구 하나 잡아먹지 않으면 분이 안 풀릴 얼굴이다.

그러나 그녀의 말은 틀리지 않다.

조계종 소의경전 금강경에 나오는 절 이름은 '기수급고독원(祇樹給孤獨園)'이다. 거상 수닷따가 고독한 사람들에게 보시한 사람이라서 붙은 이름이란다.

초기 경전을 보면 기수급고독원이 불교 최초의 건축물인 기원정사임을 알 수 있다. 부처는 기원정사를 보시받으면서, 절이 스님만의 전유물이 아니라 사부대중 모두가 진리를 도모하는 장소라고 했다. 무엇보다 고독한 사람을 위한 집이라고 했다.

언제부턴가 종교 권력이 발호해서 다수를 고독하게 만들고 있다. '내 절에 내가 오는 사람'을 소외시키고, 심지어 추방까지 한다. 그 일로 절 주변에 고독한 집단이 생기고, 그들이 통증처럼 고독을 호소하고 있다.

우리나라 스님들을 보면 간혹 사찰을 사유물로 여기는 게 아닌지 의심스럽다. 조계사나 해인사가 스님들만의 고유영역인 양 행세하는 것이다. 불교는 스님만의 세계이므로 아무리 똑똑한 불교신자일지라도 비승가적인 방법으로 스님 세계 접근하지 말라고 경고하는 듯하고, 스님 세계에서 벌어지는 일은 묻지도 따지지도 말라는, 막무가내식 패로키알리즘(Parochialism)도 엿보인다. 누구에게나 불성이 있고, 심지어는 중생이 부처라고 가르치지만 말치장에 불과하다.

이 땅의 국민이라면 불교에 관심을 가져야 할 이유와 자격이 있다. 아니, 관심을 훌쩍 뛰어넘어 애정을 느낄 이유와 자격도 있다. 불교는 우리 역사의 뿌리이기 때문이다. 불교가 파벌과 기득권에 안주하면 불교라는 민족사적 문명은 축소지향을 면할 길 없을 것이다. 이 땅의 불교가 조선시대의 억압을 버텨내고 1,700년의 역사를 유지할 수 있는 것은 백성 · 민초 · 국민이라는 이름의 사람들이 힘을 보탠, 눈에 보이지 않는 유산 덕분이라고 나는 생각한다. 어찌 스님의 힘뿐이랴. 그러니 소임자 스님아, 내 것이라고 할 만한 게 언제 있었느냐.

설조스님의
단식선언

설조스님이 단식을 선언한 우정국 분수대는 유월을 기습한 이른 더위에 바싹 말라가고 있었다. 그러고 보니 이름만 분수대일 뿐 한 번도 물을 뿜어 올리는 것을 보지 못했다. 겨울보다 여름나기가 한결 수월한 노숙자들은 그곳에서 빵 봉지와 소주병과 더불어 굴러다닌다.

2018년 6월 20분 오후 2시 30분 즈음, 조계사에서 쫓겨난 설조스님이 그곳에 섰다. 마이크를 부여잡은 그가 입을 열었다.

"우리 종단은 정화의 전통을 계승한 건지, 정화의 기치를 무시하기로 작정한 집단인지 구별을 해야 할 지경에 이르렀습니다."

설조는 크지 않은 목소리로 1994년 조계종단 개혁을 지적하기 시작했다. 개혁 이후에 달라진 게 없다, 오히려 비(非)비구들이 종권을 장악하면서 개혁 이전보다 비리가 가중됐다.

"적주비구가 지역의 큰 사찰을 차지하고는 동류와 작당하여 어느 때부턴가 중앙기구마저 유린했습니다."

나는 그에게서 '적주비구(賊住比丘)'란 말을 그때 처음 들었다. 그런데 궁금하다. 적주비구란 비구계를 받지 않은 남자 승려인가, 아니면 비구계를 받았으되 그 계를 지키지 않은 남자 승려인가. 놀랍게도 전 총무원장 자승스님이나 현 총무원장 설정스님이 적주비구에 해당한다고 주장했기 때문이다. 설조는, 노름꾼의 수괴가 불자들에게서 존경받는 선지식 스님을 종단 밖으로 내모는 끔찍한 일이 벌어졌다면서 송담스님 탈종과 관련해 자승스님을 거론했고, 은처, 부동산 소유, 교통사고 등 유례없는 악행을 저지른 자가 종단의 행정대표를 맡았다면서 설정스님을 적주비구로 비난했다.

설조의 단식법문에서 적주비구는 자주 언급된다. 개혁의 기치를 내세운 1994년 이후에 오히려 적주비구들이 세력을 확장해, 상대적으로 유약한 비구와 비구니가 그들의 눈치를 보는 지경에 이르렀다고 개탄했다. 그 가운데는 94년 개혁에 주도적으로 참여하여 개혁 종단의 초대 총무원장을 역임한 월주스님마저 적주비구라고 했다. 이쯤이면 94년 개혁을 전면적으로 부정하는 수준 아닌가.

설조스님의 단식선언은 계속 이어졌다.

"이른바 큰스님이라고 하는 사람들은 비리를 고발한 언론에 외려 해종이니 훼불이니 하는 말을 뒤집어씌웁니다. 그런 말은 도둑에게 물어보면 모르겠으되, 천이면 천, 만이면 만, 다 부당하다 할 것입니다."

MBC PD수첩이 '큰스님께 묻습니다'란 제목으로 지도층 승려들의 비리를 방송하자 조계종에서는 재빨리 전가의 보도를 빼 들었다. 해종과 훼불이 그것이었다. 잘 알려지다시피 설조스님 단식선언의 계기는 지난 5월 1일과 29일 두 차례에 걸쳐 MBC 피디수첩을 통해 보도된 조계종 총무원장 설정과 전 총무원장 자승 등의 비리와 불법행위였다.

사이비 수행자에 대한 비판은 그 역사가 오래다. 고대 인도에서도 사기꾼·협잡꾼이란 말을 가차 없이 사용했으며, 우리나라에서 오래전부터 써온 말은 '땡중'이다. 초기 경전인 니까야에는 '테라카타'라는 경이 나온다. '장로들의 시(詩)'라고도 부르는 오도송을 1291수를 묶은 노래집이다. 빠라싸리야 장로의 노래집에는 '온갖 핑계를 도모하여, 수완과 술책으로 내달리며, 생계를 위한 수단으로 그들은 많은 재산을 쌓아 모은다. 모임을 자주 갖지만, 일을 위한 것이지 가르침을 위한 것이 아니고, 남에게 가르침을 설하지만, 이익을 위한 것이지 의취를 위한 것이 아니다'라고 사이비 수행자를 비판했다.

"오늘의 종단 사태에 저 역시 책임이 있습니다. 돈을 만지는 사람과 조직은 부패하게 돼 있지요. 94년 종단 개혁 때 재정 공개를 종헌·종법에 담으려 했지만, 80여 명의 개혁회의 의원 중 찬성한 사람은 18명에 불과했어요. 나머지는 반대하거나 침묵했습니다."

설조가 '원죄'라는 표현으로 당신의 잘못을 사과한 내력이었다. 역시 돈이었다.

설조스님의 단식선언을 현장에서 들은 사람으로서 내 기억에 가장 뚜렷이 남아있는 말은 1994년 개혁 당시 당신의 책임을 언급한 부분이었다. 그는 그때 개혁회의 부의장이었다. 개혁회의 의장이던 탄성스님이 2,000년 입적했으므로 그때 상황을 책임질 대표적 인물로 승계된 셈이다.

"부처님께 아뢴 대로 이 목숨을 바치겠습니다. 종단이 변할 때까지 단식을 계속할 것입니다. 갈마에도 참가하지 못하는 비구지만 종단 개혁을 위해 목숨 바쳐 단식하겠다는 겁니다."

훗날 그는 단식장을 찾아온 사람들에게 조계종 지도부를 자주 독재정권에 비유했다. 그때 그 정권이 부당하다는 걸 알면서도 나서는 사람이 없었잖아요. 지금 상황이 꼭 그때 같아서 늙은 목숨 내놓고 저라도 나선 겁니다.

설조스님의 단식은 목숨을 담보한 것이었다. 그러나 유감스럽다. 명색이 기자회견이었지만 참여한 언론사는 조계사에서 가까운 데 있는 연합신문, TBS 교통방송, 불교계 해종 언론이라는 인터넷 신문 불교포커스와 불교닷컴, 가톨릭프레스라는 천주교 신문사, 신천지 예수교의 기관지로 의심받는 천지일보뿐이었다. 피디수첩을 통해 조계종 비리를 폭로한 MBC조차 보이지 않았다.

한국사회의 주류언론으로 불리는 신문과 방송은 종교계에서 최근 가장 뜨거운 사건인 설조스님 단식에 철저히 함구했다. 설조스님은 단식이 길어졌을 때 '내가 죽어도 반응 없을 조계종'이라며 조계종의 무관심을 개탄했지만 주류언론의 무관심도 그에 못지않았다. 한겨레신문사 출신 김종철 씨가 표현했듯이 그들은 무관심을 넘어 '묵살의 카르텔'로 일관했다.

1994년
불교 개혁

춘성스님은 스승으로 모셨던 만해가 3 · 1운동으로 수감되
자 옥바라지를 위해 서울 도봉산 망월사로 옮겼다. 춘성은
땔감이 가득한데도 스승을 생각해 냉방에서 이불도 덮지 않
고 잠을 잤다. 이불을 덮지 않는 춘성의 잠은 그후로도 계속
됐다. 춘성은 이불을 '이불(離佛)'이라면서 부처와 이별하는
물건이라 불렀다.

설조스님의 단식선언을 계기로 1994년을 되돌아보는데 문
득 춘성스님이 떠올랐다. 1977년 저세상으로 건너갔으니까
불과 반세기 전 사람인 그가 까마득한 옛사람으로 느껴지는
까닭은 왤까.

설조스님은 1994년의 종단 개혁, 더 구체적으로는 대한불
교조계종 개혁운동에 당신도 책임이 있다고 밝혔다. 그 허물
은 돈 문제로 승가가 늘 시끄러우니 재정공개를 세간의 헌법
과 법률에 해당하는 종헌 · 종법으로 가시화하자고 의견을

냈으나 다수 스님의 반대로 무산된 데 있었다. 개혁하자고 외친 80여 명의 개혁회의 스님들이 모든 개혁의 기본이라 할 돈 문제에는 왜 대부분 반대했을까? 이를 밝히면 94년 개혁의 본질도 밝혀지리라고 나는 생각한다. 그러지 않고서야 94년의 개혁이 단지 겉으로만 개혁일 뿐 종도를 속이고 세상을 속인 '개혁 쇼'에 불과하지 않느냔 비난을 면하기 어렵다.

발단은 본명이 서황룡이라는 의현스님의 총무원장 3선 강행과 80억 원에 이르는 상무대 비리였다. 1994년 3월 28일 다수의 스님과 재가자가 조계사에 모여 집회를 시작했다. 그들의 요구는 서의현 총무원장의 사퇴였다.

그 이튿날, 지금의 호법부인 규정부 직원이 철야정진을 마치고 다시 농성에 들어간 스님들에게 소방호스로 물을 뿌렸다. 그와 동시에 폭력배 300명이 조계사에 난입해 스님들을 무차별 구타했다. 조계사 바깥에선 경찰이 삼엄한 경비를 펼쳐 폭력배들의 난동을 방조했다. 지금의 호법부인 규정부 스님들이 던진 벽돌에 맞아 도각스님 등 20명이 중경상을 입었다.

저녁 무렵, 전투경찰 1,500명이 조계사 총무원을 공략, 해산을 시도하자 정범스님이 웃통을 벗고 분신을 기도했다. 생사의 갈림길에서 목숨을 버릴 각오였다고 정범스님은 그때의 상황을 이야기했다.

3월 30일, 총무원장을 선출하기 위해 중앙종회가 열렸다. 경찰이 조계사 주변을 지나는 스님까지 무차별 연행했다. 종회가 열리기 직전 설조스님을 비롯하여 설정, 정휴, 중원, 지하, 현호, 월탄, 일면스님이 종회 불참을 선언했다 그러나 의현스님은 종회를 열어 27대 총무원장으로 단독출마하여 당선됐다.

4월 2일 경찰서에서 풀려난 개혁파 스님들이 광화문 종합청사에 몰려가서 내무부장관 퇴진을 거세게 요구했다. 그 사이 조계사에 난입한 폭력배를 총무원에서 사주한 것으로 밝혀져 김영삼 대통령이 그에 대한 철저한 수사를 명령했다.

4월 6일 동화사 재무담당 성봉스님의 폭로로 의현 총무원장의 상무대 비리가 확연한 사실로 드러났다.

4월 10일 마침내 전국승려대회가 열려 스님 3,000명, 재가자 1,000명이 참가했다. 한국불교 역사상 최대의 승려대회였다. 그 기세에 밀려 김영삼 대통령이 사과 성명을 내는 한편, 최형우 내무부 장관이 사퇴했다. 당시 김영삼 정부는 서의현이 3선에 성공하면 사태가 진정하리라 오판한 것으로 보인다. 다시 경찰병력 1,500명이 총무원으로 들어와 원로스님 5명만 남겨 두고 122명 스님을 연행했다.

이튿날 원로스님 구출을 위해 스님과 재가자(출가하지 않은 불교신자)가 운집하여 경찰과 몸싸움을 벌였다. 4월 12일 총무원 재무부 경리계장이 종로경찰서에 향응을 제공했다고 양심 선언했다. 그 직후 경찰병력이 조계사에서 철수했다.

4월 13일 새벽 2시 의현 총무원장이 전격 사퇴를 선언했다.

4월 13일 범불교대회를 개최하면서 개혁회의 출범했다.

1994년 종단개혁을 어떤 이는 불교계의 '6·10 민주항쟁'이라고 부른다. 그만큼 조계종단 민주화에 대한 불교계의 열망이 컸다. 당시 원로스님이었던 월주스님은 '종단 내부 개혁뿐 아니라 지속적 영향력을 행사하던 권력과의 연결고리를 끊어내려는 몸부림이었다'고 94년 개혁을 회고했다. 자승 전 총무원장 시절 화쟁위원회를 이끈 도법스님은 '정의의 대중이 종단을 바로 세우겠다는 의로운 뜻으로 일어나 불의의 세력을 물리쳤다. 정의의 힘이 불의의 힘을 물리쳤다는 사실이 갖는 의미는 크다'라고 한국불교사의 일대 전환점이었다고 평가했다.

그러나 두 스님의 의미 부여에도 불구하고 1994년 이후 개혁에 착수한 세력들이 과연 종도들의 요구에 얼마나 부응했는지 들여다보면 그 평가가 확연히 달라진다. 더욱이 2018년인 지금 두 스님도 비판받는 처지에 놓여 있다는 건 무엇을 의미할까.

1994년 개혁에 대한 재가자들의 평가는 부정적이다. 종단 개혁이 대중의 절대적인 지지 속에서 이뤄졌지만, 막상 개혁 회의에서 스님들은 재가자의 참여를 배제하는 이중성을 보였다고 주장한다. 바로 그 지점에서 종단운영의 민주화라는 애초 목표가 실종됐다는 것이다. 조계종단에 건전한 비판 · 견제 세력이 부재한 까닭은 어떤 면에서 전적으로 스님들 책임이다. 스님들은 왜 재가자를 꺼렸을까?

설조스님이 언급한 재정 투명화를 대비해본다. 결국은 돈이라는 사실 앞에 실망하지 않을 수 없다. 개혁을 끌어낸 젊은 스님들조차 돈 앞에서는 명분을 잃었다. 24년이 지난 지금 불교개혁의 본질이라고 할 수 있는 의식개혁과 수행풍토의 개선이 전혀 진전하지 않은 까닭이다. 조계종단에 건전한 비판 · 견제 세력이 부재한 까닭은 어떤 면에서 전적으로 그들 책임이다. 물론 그들은 2018년 설조스님의 단식에 침묵할 수밖에 없는 처지이다.

유감스럽게도 1994년 불교 개혁은 불교의 자본화를 본격적으로 불러왔다. 서의현이 독재의 방식으로 자본을 독점했다면, 개혁 이후는 자본을 분점하는 방식으로 변했다. 중앙종회는 총무원 견제세력이라는 명분과는 다른 차원에서 권력을 행사했다.

개혁 주도 세력은 본의든 아니든 불교 개혁을 전리품처럼 생각했다. 권력을 잡은 그들은 자신들을 향한 그 어떤 비판도 달갑게 생각하지 않았고, 권력을 오래 누림으로써 부패하고 말았다. 설령 그들이 부패하지 않았을지라도 자기비판을 가혹하게 수용하지 않음으로써 지금처럼 개혁의 대상이 됐다.

결과적으로 1994년 개혁 세력은 순수하지 않았다. 그들은 세간의 정치판에서 그러하듯 논공행상했고, 지금까지도 뻐젓이 권력의 한 축을 차지하고 있다. 그들은 반성하는 법을 잊은 채 그 자리에서 요지부동이다.

게다가 문중이나 원로회의도 마치 중세 유럽의 영주처럼 그들 나름으로 세력을 형성하고 있다. 그들이 현 사태에 침묵할 수밖에 없는 단도직입적인 까닭은 무엇보다 자본이다. 자본에 따른 양심의 실종이고, 양심이 실종됐으므로 설조스님의 목숨을 건 단식에 어떠한 책임도 지려 하지 않는다.

나는 조계종의 부패가 자승 전 총무원장만의 잘못은 아니리고 본다. 자승스님은 불교계 최초로 모든 문중이 추대를 합의한 인물이다. 세상 사람들이 그에게만 화살을 집중하지만, 그 이면을 들여다보면 개혁 세력과 그 밖의 세력의 논공행상이 자승스님을 전면에 세웠으며, 개혁 세력과 그 밖의 세력은 자승을 경계로 각자가 보호막을 쳤는지도 모른다. 그리고는 모든 잘못을 자승에게 뒤집어씌웠다.

그래서 설정 총무원장이 단식장으로 와서 설조스님에게 반문했던 거다. 한두 사람 물러난다고 종단이 제대로 되겠나요? 단식 20일째인 7월 10일이었다. 94년 개혁동지였던 두 사람은 24년이 지난 지금 적대관계에 있다. 설조도 지지 않았다. 총무원장 스님이 물러나야 단식을 풀겠습니다. 한 사람이 물러난다고 불교가 확 바뀌기야 하겠냐만, 그 한 사람이 물러나야 개혁이 시작됨을 설조스님은 알고 있었다.

국민에게 드리는
편지

단식 6일째. 설조스님은 국민에게 드리는 편지를 쓴다. 종이에 써 내린 편지가 아니라 영상으로 담은 편지이다. 영상편지는 단식 18일째인 7월 7일에 발표했지만, 단식 6일째인 6월 25일 촬영했다고 한다.

영상을 주도적으로 제작한 이들은 설조스님의 단식이 장기화하리라 예상해서 영상을 미리 녹화해두고, 발표할 적절한 시점을 찾았으리라. 그 날짜 7월 7일이었다. 따라서 동영상이 미디어를 타기까지 12일이나 걸렸다.

영상편지는 6월 20일에 단식을 선언한 설조스님이, 6월 28일 지지자들이 조계사 템플스테이 본부 앞에 모여 첫 집회를 시작하기까지 무작정 단식만 하지는 않았음을 보여준다.

그런데 무엇보다 눈에 띄는 것은 '국민에게 드리는 편지'라는 제목이다. 편지의 대상이 불교신자들도 아니고 국민이다. 이는 설조스님의 단식이 외부를 향하고 있음을 보여주는 방증이다. 조계종은 종헌·종법과 계율을 내세워 '불교공동체 내부의 문제는 내부에서 정한 규율에 따라 해결하는 것이 원칙'이라고 평소 주장한다. 그러나 설조스님은 그것이 조계종에 만연한 비리와 부패를 외부로부터 차단하는 허울 좋은 명분임을 애초 간파하고 있었다.

전문

존경하는 국민 여러분! 그리고 불자 여러분!

미납이 부끄러움 무릅쓰고 조계사 앞의 길거리에서 단식함을 매우 송구스럽게 생각합니다.

부처님께서는 고행과 쾌락의 양극단을 가지 말라고 당부하셨지만, 속세를 떠난 수행자로 평생을 살아온 미납이 이렇게 길거리에 나앉아 누추한 노구를 이끌고 단식으로 불자들과 국민께 호소 드리게 된 것은, 대한민국의 역사이며 문화의 산실인 한국불교의 대표종단 대한불교조계종이 뿌리부터 썩어들어 통째로 무너지는 것을 가만히 지켜볼 수 없었기 때문입니다.

재작년 광화문의 촛불에서 '이게 나라냐?'라는 백성의 소리를 들었습니다. 하지만 저 자신이 몸담은 대한불교조계종의 현실은 '이게 과연 청정한 수행자들의 종단이냐?' 라고 묻게 합니다.

스님들이 상습도박을 해왔고 숨겨둔 아내와 자식이 있으며, 도박과 폭력이 난무하고 성폭행을 해왔다는 사실이 온 천하에 드러났습니다. 어찌 pd수첩의 방영으로 드러난 예가 "허물의 전부이다"라고 할 수 있겠습니까?

1,700여 년을 이어온 작금의 한국불교는 그야말로 풍전등화와 같습니다. 승려로서 살아온 내 자신의 삶을 돌아볼수록 부끄럽습니다. 대한불교조계종과 명산대찰은 스님과 불자들만의 것이 아닙니다. 온 민족의 역사적 유산이며 나아가서는 세계인의 것입니다.

그러므로 대한민국의 사찰은 파계승들의 소굴이 되어서는 아니 되고, 발심수도하고 소욕지족하는 청정한 수행자들의 수행처가 되어야 합니다. 힘들고 지친 국민이 의지하고 쉬어가는 안식처가 되어야합니다.

존경하는 국민 여러분!

이제는 여러분들께서 승려를 가장한 도적의 무리로부터 대한민국의 역사와 문화를 지켜주시기를 소망하여봅니다. 혹여 미납이 살아서 이 소망이 이루어진다면 더할 나위 없이 보람된 일이겠으나 그렇지 않다면 미납의 명이 다한 이후에

라도 반드시 성취되기를 발원하는 마음으로 거듭거듭 호소
합니다.

미납의 낡은 이 몸뚱이를 버림으로써 종단이 바로 서고, 국
민께서 신뢰하는 불교가 될 수만 있다면 저는 여한이 없습
니다.

간절한 마음으로 대한민국의 번영과 국민들의 안녕을 부처
님께 비옵니다.

단식이란
무엇일까

　설조스님의 단식이 어느새 일주일을 넘었다. 주변에서 건
강을 걱정하는 말에 노스님은 의연했다.

　"나는 괜찮아. 이 나이에도 약 한 알 먹는 게 없거든."

　오히려 건강을 과시하는 말로 주변을 안심시켰다고 한다.

　그렇지만 설조스님을 진찰한 인도주의실천의사협의회 사
무총장 이보라 씨는 적신호가 켜졌다고 밝혔다. 맥박이 비정
상으로 뛰는 부정맥이 감지됐다. 체중도 6kg가량 줄었다.

　원래 아무것도 먹지 않고는 일주일 이상을 버티기 어렵다
고 한다. 물과 소금이 단식을 연장한다는 것이다. 단식은 아
무래도 죽음을 담보로 단식자의 의지를 관철하려는 의도를
지닌다.

　돌연한 사고로 수술을 받고서 나도 이틀인가 굶어본 적이
있었다. 유리에 베어 동맥과 힘줄이 끊어지는 사고였다. 구급
차에 실려 가는데 몸이 나른했다. 눈을 감지 말라는 소리가
몇 차례 들렸다. 나를 내려다보는 구급요원이 흐릿하게 보였

다. 응급실에 도착하고 수술실로 옮겨지자 외과의사가 나를 내려다보고 있었다. 어떻게 내 몸이 마취약물에 침식당하는지조차 모르게 의식이 캄캄해졌다. 갑작스럽고도 완벽한 소등. 그 순간에 대비하여 빛을 발하도록 고안된 별도의 기억장치란 내게 없었다. 기억은 약물을 만나면서 통증과 함께 사라지고, 그 사라진 자리에서 시간은 어둠과 만나면서 형체를 잃었다.

의식이 되살아난 건 영세한 공장의 외딴 창고 같은 회복실에서였다. 눈을 뜨자 더러운 흰색 가운을 입은 누군가가 몸을 굽혀왔다. 동맥과 힘줄, 신경조직을 접합하는 데 네 시간 걸렸네요. 내 몸속으로 칼과 핀셋, 고무장갑을 낀 손이 드나들었음을 암시하는 말에 나는 적이 당황했다. 나는 의사와 간호사와 환자 운반원, 심지어 청소부까지, 눈에 사람이 보일 때마다 붙잡고 말을 걸었다. 마치 내가 말한다기보다 마취에서 풀려나기를 오래 기다려온 말이 저 홀로 이 사람 저 사람에게 붙어 다니는 듯싶었다. 그들에게 내가 경험한 저 소등의 순간을 말하고 싶었다. 그러나 도무지 기억나지 않았다. 기껏해야 주사 한 대에 불과한 약물에 죽음과도 같은 망각에 빠져버린 삶의 허구성에 놀라지 않을 수 없었다. 링거를 꽂고 입원실 병상에 누웠으나 이틀째 나는 밥을 먹을 수 없었다.

그때를 생각하니 88세 노인이 순전히 당신의 의지대로 단식하는 것이 경이로웠다. 설조스님의 각오는 돌부처처럼 단단했다.

인간의 삶을 뭐라 얘기하는가. 먹기 위해 살고, 살기 위해 먹는다는 말이 있지 않은가. 저 원시시대부터 지금까지 먹고 사는 일만큼 지속적으로 인간을 불안하게 해온 일도 없다. 밥을 먹지 않으면 배고프다. 배고픔은 삶을 재촉하는 몸의 신호다. 제때 밥을 먹지 않으면 몸에 병이 깃들고, 병이 깊어지면 죽음도 깃든다. 밥을 먹지 않을 때 느끼는 불안은 병과 죽음에 대한 불안인 것이다. 결국, 설조스님의 단식도 부처의 출가 사유인 생로병사의 문제였다.

나라는 것은 실로 병드는 법인데, 까닭 없이 병드는 법을 구한다. 나라는 것은 실로 늙는 법이고, 죽는 법이고, 근심 걱정하는 법이고, 더러운 법인데, 까닭 없이 늙는 법, 죽는 법, 근심 걱정하는 법, 더러운 법을 구한다.

중아함경은 싯다르타의 깊어가는 시름을 기록하고 있다. 어찌해야 생로병사를 회피하는 동시에 추구하는, 이 기묘한 모순에서 벗어날 수 있을까. 그 옛날 부처는 이 의문을 출가를 통해 풀어보고자 했으며, 어떻게든 라훌라(장애)를 뛰어넘으려 했다. 부처의 출가는 어느 날 갑자기 이뤄진 게 아니라 오랜 고민의 결과였다.

설조스님 또한 조계종에 만연한 부패와 비도덕성의 악순환, 무능과 무관심의 알고리즘을 어떻게든 끊어야 한다고 생각했다. 그는 단식은, 이보라 씨의 표현을 빌리자면 '죽음을 도외시한 원칙적 단식'으로 육신공양도 마다하지 않겠다는 강한 의지의 표현이다.

인간만이 죽음을 선택할 수 있다. 들판에 사는 사자나 마당에 피는 장미꽃이 자살했다는 소릴 들어본 적 있는가. 자기 의지로 말을 봉쇄하는 수행자의 묵언도 자살과 마찬가지로 인간만의 권리이다. 죽음을 예찬하는 말로 오해하지 마라. 죽음을 의식함으로써 삶의 의미를, 인간의 소중함을 되새겨보자는 뜻이다. 대부분은 암이나 치매를 걱정하면서도 죽음이라는 피할 수 없는 병은 깊이 생각하지 않는다. 생각하는 것 자체가 재수 없고 기분 나쁜 일이라며 회피하는 사람도 있다.

접합수술을 받고나서 한동안 병원에 입원해야 했다. 내가 입원한 병실 곁에 중환자실이 있었다. 중환자실을 들락거리며 시체를 운반하는 병원 직원에게 물어보았다.

"사람 죽는 거 많이 봤을 거 아녜요. 사람이 병으로 죽을 때 모습이 어떻습디까?"

"다들 몸을 뒤틀고 발버둥 치다 죽어요. 죽기 싫은 거죠."

"의연하게 죽는 사람은 혹시 없고요?"

"아, 그런 사람 한 분 있었어요. 아주 곱게 늙은 할머니였죠."

나는 그의 말을 듣고 사람들 대부분이 죽음을 받아들이지 못한다는 사실을 알았다. 말기 암으로 몸이 메말라가면서도 죽음을 준비하지 못해 마지막까지 허둥댄다. 법정스님은 죽음 쪽에서 보면 삶이란 조금씩 죽어가는 것이라고 했다. 죽음을 충분히 예습한 수행자다운 얘기다. 단식을 해본 사람도 삶의 의미를 충분히 복습해서 잘 알고 있지 않을까.

설조스님이 그와 같을지 모른다. 그는 단식이 처음이 아니라고 했다. 이보라 씨는 단식으로 체중이 푹 줄었는데도 혈당이 정상수치를 보이는 것은, 외부에서의 영양공급이 끊어지면서 몸의 근육과 지방이 연소한 결과라고, 내과 전문의로서 진단했다. 이미 몸이 병들기 시작했다는 징조이다. 물론 병이 깊어지면 죽음에 이른다.

단식을 선언한 지 여러 날이 지났지만 설조스님의 단식은 외부에 잘 알려지지 않았다. 그가 목숨을 걸고 이루고자 하는 조계종 정상화도 알려지지 않았다. 단식장에서 스님을 외호하는 사람들은, '다시 촛불집회를 열자'는 데 의견을 모았다.

작년에 '총무원장 직선제'를 외쳤을 때 들었던 촛불을 다시 들자는 뜻이었다. 그렇게 해서 설조스님의 단식과 조계종 적폐를 알리고자 6월 28일 목요일 오후 7시로 첫 집회 날짜를 정했다. 장소는 조계사였다.

소금
한 포대

설조스님 앞으로 누가 단식장에 소금 한 포대를 보내왔다. 6월 28일, 첫 번째 촛불집회를 시작한 날이었다.

선글라스를 일부러 끼고 나는 집회장소인 조계사 맞은편 템플스테이 본부 앞으로 갔다. 몇 년 전부터 땡볕과 눈비를 견디며 조계사 앞에서 조계종에 항의해온 도정스님과 허정스님, 그리고 몇몇 스님과 재가자가 보인다.

설조스님을 처음 만났을 때도 도정과 허정은 조계사 길바닥에서 가부좌를 틀고 있었다. 두 스님 앞으로 다소 꾸부정한 노승이 멈춰 서더니 돌연 허리를 굽혀 절을 했다. 머리가 땅에 닿을 정도였다. 도정과 허정은 깜짝 놀라 맞절을 했다. 나이도 법랍도 한참 아래인 스님들에게 먼저 삼배를 올린 그는 설조스님이었다.

수도암 선원장이었던 원인스님이 내 눈엔 가장 낯익었다. 그들의 시위에 '조용한 참가자'로 끼어든 나는 원인스님을 시위장소 이외에서 두 번인가 보았다. 수도암을 답사하러 가서 그를 친견했거니와 불교방송에 출연했을 때 수도암 내력을 알려고 몇 번 전화통화를 나눴던 인연이다. 그러나 시위에 앞장선 그를 번거롭게 하지 않으려 단 한 번도 알은체하지 않았다. 놀라웠다. 전에는 전형적인 선수행자로 보이던 그가 모인 사람들 앞에서 조계종 소임자들을 도둑으로 몰아붙이고 있었다.

그러고 보니 스님들 입에서 유난히 도둑이란 말이 자주 나온다. 설조가 얘기하는 적주비구도 알고 보면 도둑이라는 뜻이다. 도둑이라는 말에 안성 칠장사가 떠올랐다. 칠장사는 조선시대의 큰 도둑 임꺽정이 출몰한 절이다. 칠장사 사적비에는 일곱 명의 도둑이 개과천선한 이야기가 적혀 있다. 칠장사 혜소국사비에도 조선을 통째 훔치려 한 왜적 가토오 기요마사 이야기가 전해온다. 칠장사에 가면 온통 도둑 이야기뿐인데, 30년 전 산신각에 도둑이 들어 산신탱화를 면도칼로 오려서 훔쳐 갔다고도 한다. 칠장사 도둑들은 모두 외부에서 절을 털려고 찾아온 인사들이다. 설조나 원인이 이야기하는 내부의 도둑, 스님들이 아니다. 도둑을 제도해야 할 스님들이 도둑이 돼버린 기묘한 시대에 우리는 사는 셈이다.

집회자들 틈에서 김영국 씨도 보였다. 스님이었다가 이른 나이에 입적한 내 고등학교 친구 박재걸이 시위를 주도하는 인물의 하나인 김영국 씨와 절친이었다기에 평소 그의 발언을 주목해온 것이 사실이다. 조계사가 있는 견지동에서 이따금 마주치곤 하는데 그렇게 보아선 그런지 불교계의 고민을 늘 달고 사는 얼굴이었다. 시위 때마다 자주 등장하는 우희종, 이도흠 교수도 보였다.

설조스님의 단식이 세상에 잘 알려지지 않아선지 시위 참여자들도 적었다. 그 숫자가 100명 조금 넘었을까. 그 숫자로 우리나라 불교의 최대 종파인 조계종 개혁, 더 나아가 불교 개혁이라는 원대한 포부를 이룰 수 있을지 의아했다.

낯선 얼굴들도 보였다. 전교조에서도 누가 나와 연대발언을 했다. 왕년의 민주투사로 보이는 그는 국회의원 뺨을 치게 말을 잘했다. 길상사에 다니는 남자 신도의 발언을 듣고는 화도 나고 기분도 우울했다. 길상사 스님들이 불사를 벌인답시고 신도들을 닦달하지만 시주금 용처가 불투명하다는 게 요지였다. 법정스님이 세상을 뜬 지 불과 8년이다. 법정스님의 발원으로 맑고 향기롭던 길상사마저 어느새 돈만 밝히는 승려의 먹잇감으로 전락했다니…….

발언이 끝나자 시위자들은 횡단보도를 건너 설조스님이 단식하는 조계사 우정국 뒷마당으로 이동했다. 전경들 몇 명이 시위자들을 따라서 옆에서 걸었다. 시위자들이 편안하게 목적지로 갈 수 있도록 친절히 안내하는 모습이었다. 조계사를 에워싼 전경들도 시위자의 이동을 구경꾼인 양 한가로이 바라보았다.

시위자들을 따라가는 길에서 문득 '집도 절도 없는 중'이란 말이 생각났다. 그 말을 젊었을 때 나는 얼마나 좋아했던가. 구름 따라 물 따라 걷는, 운수납자(雲水衲子)란 말도 좋아했다. 납자는 사람들이 입다가 버린 옷을 누덕누덕 기워 입고 다니는 사람이다. 출가 수행자의 무소유를 그렇게 멋들어지게 표현해내는 종교는 불교밖에 없다. 운수납자에겐 집도 절도 없지만 대신 구름과 물이 흐르는 산이 있다. 찾아올 신도도 없고 받을 돈도 없는 무주공산이지만, 돈이 없으니 절을 지을 수도 없고, 무리하게 불사를 밀어붙인다고 신도들에게 욕먹을 일이 없다. 운수납자는 저 홀로 제 몸 안에 법당을 짓고 탑을 세운다. 찾아오는 신도는 그 자신이며, 법문이라 해봐야 오직 그 자신에게 묻고 답할 뿐이다.

그랬다. 스님을 생각하면 먼저 운수납자가 떠오르던 시절이 내게 있었다. 스님들이 사리사욕을 챙긴다는 말을 듣고는 지나친 표현이라고 생각했었다. 그들도 부처도 사람 아닌가. 설령 그들이 잘못을 저질렀다 해도 우리의 욕망과 쾌락에 비하면 별거 아니지. 그들은 일시적으로 아주 작은 욕망에 빠졌다가 오래도록 그 자신을 창피하고 부끄럽게 여기리라. 그런데 그게 아니었다. 불교를 본격적으로 공부하려고 절에 다니면서 스님들의 허물이 보이기 시작했다. 아니야. 빗줄기를 봤을 뿐이야. 비가 그치면 다시 허공이 보이겠지. 그릇된 안식(眼識)이 작용한 탓이라고 고개를 흔들었지만 그들의 허물이 점점 크게만 보였다. 절 인심이 한 해 한 해 더 사나워지는 기색이었다. 절을 끊는 사람도 눈에 띄게 늘었다. 더 이상 절을 다닐 필요가 있을까 회의하는 사이, 나는 어느새 운수신자(雲水信子)가 돼가고 있었다. 구름 따라 물 따라 흘러가는 건 이제 나였다. 내 안에 법당과 스님을 두고 예경하고 법문을 청하는 것이 훨씬 속 편했다.

이윽고 설조스님의 첫 단식법문이 시작되었다. 그때만 해도 그는 웬만큼 기력을 유지하고 있었다. 설조는 마이크를 잡자마자 도박 의혹을 받는 전 총무원장 자승스님을 그 특유의 어눌한 말투로 맹공했고, 현 총무원장인 설정스님이 교통사고를 내서 노인을 죽였다고 주장했다. 그러면서 당신 또한 조계종을 '천하 무도한 곳으로 빠뜨린 죄인 중의 죄인'이라 했다.

단식을 선언하던 첫날과 마찬가지로 적주비구 얘기를 꺼냈다.

"적주비구와 이해관계를 함께한 자들이 적주비구를 수장으로 받들어 교단이 이렇게 됐습니다. 비구계를 받지 않은 자는 스님이 아니니 자리를 떠나야 하지 않겠습니까."

단식 선언한 날 그랬듯이 전 총무원장 자승이나 현 총무원장 설정이 적주비구에 해당한다고 강조했다.

설조스님은 당신의 결의를 밝혔다.

"부처님 덕을 입은 이 몸뚱이, 단식으로 잘 말려서 종단 개혁의 불을 지피는 심지가 되겠습니다. 부처님의 교단을 맑게 정화하는 심지가 되도록 하겠습니다."

그러더니 웃는 둥 마는 둥 입을 뗐다.

"저더러 단식 오래 하라고 어떤 분이 소금을 한 포대 보내주셨어요. 제가 하루에 먹는 죽염이 이삼 그램이거든요"

참가자들에게서 잠시 웃음이 일렁였다가 스님의 다음 말에 끊어졌다.

"소금을 한 포대나 보냈으니 적폐를 뿌리까지, 그 그림자까지 뽑으라는 뜻으로 알겠습니다."

설조는 목숨을 바치겠다는 각오로 당신의 단식법문을 끝냈다. 그에게서 소금 한 포대 이야기를 듣는 순간 나는 이 단식이 오래 지속될 것이라 예감했고, 어쩌면 그가 당신의 목숨을 길바닥에 회향할지 모르겠다고 생각했다.

세상이
불교를 걱정하다

 고려 말은 불교가 쇠퇴기에 이른 시기이다. 고려 말 야운스님은 '자경문'에서 '오직 이 말법시대에는 성인이 가신 지 오래여서 마(魔)는 강하고 법은 약하며, 남을 옳게 지도하는 이는 적고 남을 그르치는 이는 많으며, 슬기로운 이는 드물고 어리석은 이는 많다'며 말법시대를 한탄했다.

 여러 해 사찰을 답사한 나는 말법시대 이야기를 서울 은평구 진관동에 있는 삼천사에서 찾아냈다. 고려사에 쓰여 있기를, 삼천사 승려들은 쌀 360여 석으로 술을 빚어 처벌받은 적이 있다. 360여 석이면 쌀 한 석이 쌀 두 가마니 분량이니까 720가마, 지금 시세로 1억 7,000만 원가량이다. 지금으로서도 적지 않은 돈이거니와, 오계로 금지하는 술을 재가자도 아닌 출가자 스님이, 사다 마신 것도 아니고 제조까지 했다는 사실에 경악하지 않을 수 없다. 고려사를 읽고 나는 고려가 멸망한 이유가 세속 불교 때문이라는 이야기에 수긍하지 않을 수 없었다.

 말법시대에는 이처럼 흉흉한 사건들이 아무렇지도 않게

나타난다. 정법이 통하지 않는 시대이며, 정법을 이루고자 어떤 노력도 하지 않는 시대이다. 사실을 말하면 불이익을 감수해야 하는 시대이고, 그 이전에 사실과 거짓말을 구분하기조차 어려운 시대이다.

왜 이렇게 말법시대가 시도 때도 없이 찾아오는 것일까. 고려 말은 불교가 왕도정치에 이끌린 시대다. 그때에도 고려의 권승들이 왕도정치와 야합해서 권력을 유지한 사례가 적지 않았다. 내가 보기엔 왕권을 유지하려 불교를 정치에 끌어들인 사례가 더 많았다. 신돈이 그러하거니와 법력과 학식이 뛰어나다는 보우와 나옹도 정치와 무관하지 않았다. 스님이 왕보다 백성들의 지지를 더 많이 받기도 했으니, 나옹이 유배지로 떠나다 신륵사에서 입적한 것을 독살로 보는 학자도 있다.

절이 산중에 있어서 다른 종교보다 포교나 사회활동이 뒤진다고 얘기하는 스님이 더러 있다. 불교는 심우도의 마지막 그림처럼 입전수수(入廛垂手)로써 구도의 길을 완성하는 것인데, 산중에 있으니 태생적 한계가 있다는 얘기다.

내 생각은 다르다. 다른 종교라면 몰라도 우리나라 불교만큼은 사바세계를 떠나 산중에 머물러 있기를 바란다. 다른 종교처럼 저잣거리의 중생에게 찬송가를 불러주고 병원을 지어 병자를 돌보는 것도 좋지만 그에 따른 부작용도 만만치 않기 때문이다. 삭발염의(削髮染衣)한 스님들이 그런 부작용을 감수하느니 산중에서도 얼마든 불교만이 할 수 있는 일로 중생을 제도할 수 있다.

우리나라 절은 대부분 산사이다. 절에 들어서는 일주문을 산사라고 부르는데, 절에 들어서는 문이 산에 들어서는 문이라는 뜻에서 나온 말이다. 산사는 입산의 모습을 하나의 풍경으로 떠오르게 한다. 말 그대로 절이 산에 들어가 있는 구조이므로, 사람이 그 절에 들어가면 이미 입산에 경지에 이른다. 절에 들어서는 사람은 어느 산, 어느 숲에 있건 그 자체로 수행자의 맑고 향기로운 정신을 전수받는다. 지리산이든 설악산이든 히말라야든 깊은 산사일수록 스님도 재가자도 청정해지니, 조계사나 봉은사나 불광사처럼 돈 문제로 치고받고 울고불고할 일도 없고, 절을 둘러싼 숲만한 치유환경이 없으니 병원을 따로 지을 필요도 없다. 외국의 알피니스트들이 대한민국의 대표적인 산악문화를 물을 때 주저 없이 절을 이야기할 수 있는 날이 언제나 올까.

불교계에서 최대 발행 부수를 자랑하는 불교신문은 단식 사실을 보일락 말락, 작은 기사로 실었다. 늘 그렇듯이 불교방송도 발을 뺐다.

단식 9일째, 반가운 방문객이 단식장을 찾아왔다. 김종철 자유언론실천재단 이사장이었다. 그는 한겨레신문사에서 정년퇴직한 지 오래였다. 불교계 종이신문들뿐 아니라 여전히 주류언론이 침묵하는 가운데 비록 늙은 언론인이었지만 그의 등장을 단식장 사람들은 반겼다.

설조스님이 94년 개혁회의 부의장이었을 때 그는 한겨레신문 논설위원이었다. 누구보다 94년 개혁을 잘 알고 있었고, 설조스님이 재정을 공개하자고 했을 때 다수 스님이 반대한 사실도 알고 있었다.

그는 60년대 베트남 정권이 부패했을 때 스님들이 소신공양하는 결단을 내렸음을 상기했다.

"스님의 단식으로 개혁 운동이 본격적으로 일어났으면 좋겠습니다. 스님의 단식을 계기로 은처나 공금횡령의 적폐가 청산될 것으로 믿습니다. 이른 시일에 결과 나와 스님이 단식을 풀고 건강해져서 정기적으로 개혁을 이끌어 주셨으면 좋겠습니다."

김종철 씨의 위로에 설조스님은 고개를 끄덕였다.

"제가 지은 잘못을 속죄하려고 단식을 시작했어요. 제가 가진 것도 다 내려놓고요. 하지만 제가 단식하다 죽어도 조계종 권승들은 반응하지 않을 겁니다."

김종철 씨의 손이 설조의 손등 위에 포개졌다. 스님은 잠시 말을 끊었다가 이었다.

"저는 살 만큼 살았어요. 교단이 정화된다면 이 한 몸 희생할 겁니다. 불교가 세상을 걱정해야 하는데, 세상이 불교를 걱정하다니요. 세상의 상식으로도 이해할 수 없는 짓거리가 교단에서 벌어지고 있으니, 목숨을 바치지 않고서는 도저히 개혁을 이룰 수 없습니다."

설조는 어금니를 물었다. 종단을 끝장내지 않으면 권승들의 비리를 묵인하는 데 그치지 않고 끝내 동화된다. 적폐의 고리를 끊으려면 목숨을 거는 수밖에 없다.

김종철 씨는 설조스님의 굳은 의지를 확인했다.

"스님이 육신을 공양하는 뜻을 잘 알겠습니다. 사부대중이 스님의 뜻을 알고 움직이면 저들도 각성하고 뭔가 달라지겠지요. 저들이 각성하지 않으면 더 거센 외부의 개혁운동이 일어날 겁니다. 권력이란 게 무상하지 않습니까. 지난 정부가 그래서 무너지는 걸 모두가 보았지요. 아무리 세상을 통제하고, 돈과 권력으로 세상을 장악해도 국민이기는 정부 없습니다. 조계종도 마찬가지 아니겠습니까."

국민 이기는 정부 없다. 권력자나 천민자본가들은 그런데도 눈앞의 쾌락에만 집착한다. 그들의 공통점은 보고 싶은 것만 보려고 하는 것이다. 오로지 현재라는 시간에 빨대를 꽂은 채 세상이 변하는 것을 외면한다. 일본 무로마치 시대를 살았던 잇큐선사의 선시가 생각난다. 어느 겨울 길을 지나던 그는 가지만 남은 벚나무를 보았다.

벚나무 가지를
부러뜨려 봐도
그 속엔 벚꽃이 없네
그러나 보라, 봄이 되면
얼마나 많은 벚꽃이 피는가

잇큐는 우리나라 원효에 버금가는 무애행을 즐긴 인물이다. 잇큐는 평생을 길 위에서 지냈으며 그의 유일한 낙은 짧은 시를 쓰는 것이었다. 현재에 집착하는 사람은 봄이 오리라 믿지 않으며, 벚꽃이 피리라고도 생각하지 않는다. 변화를 믿지 않으므로 겨울 벚나무에 깃든 생명을 믿지 않는다. 보고 싶은 것만 보고 싶은 마음에 세상의 변화를 믿지 않는다. 머리 위에서 칼이 내려오거나 궤도를 벗어난 인공위성이 떨어지거나 권력을 움켜쥐고 놓지 않는다. 법정스님은 출가정신을 잃지 않는 중이 참된 중이라고 했다. 심지어는 출가했을 때나 어느 절에서 스님 소리를 들을 때나 몸무게가 같아야 한다고 했다. 대한민국 권승들을 보라. 한결같이 살이 찌고 기름기로 번들거리는 얼굴들이다.

미륵부처가 하늘에서 내려오기 전에 언젠가는 일어나리라.
운주사 와불

빗줄기를 눈물줄기로
바꿔버린 우중 법문

6월 30일, 태풍 쁘라삐룬의 영향으로 서울에 장대비가 쏟아졌다. 태국에서 발생한 태풍으로, 비의 신이란 뜻이었다. 쁘라삐룬이 한반도를 비껴 동해로 빠져나가 큰 피해를 입지 않았으나 밤새 굵은 비가 내렸다.

설조스님 단식을 지키는 지지자들은 빗줄기를 바라보며 행여 사람들이 적게 모일까 봐 아침부터 걱정했다.

가뜩이나 심란한데 오후에 이상한 사람이 와서 설쳐댔다. 머리를 깎고 승복을 입었으나 어딘지 스님으로 보이지 않는 사람이었다. 그는 느닷없이 단식장으로 들어오더니 사람들에게 '왜 스님에게 함부로 하느냐'고 고함을 쳤다. 소란을 피우는 낯선 중을 보고 설조스님은 출가자랍시고 무조건 대접을 받으려는 권승의 전형을 보았다. 출가자가 출가자답게 살고 행동하지 않으면서 무조건 예경을 바라는 행태다. 어쩌면 한국불교의 현주소였다.

예상대로 많은 사람이 모이지 않았다. 오후 5시, 조계사 맞은편 템플스테이 본부 앞에서 우산을 쓰거나 비옷을 입은 사람들이 구호를 외쳤으나, 그 소리는 회사의 비리에 항의하는 사원 단체인 양 크지 않았다. 여기서 몇 명, 저기서 몇 명. 집회 때마다 늘 보는 얼굴들이었다. 짙은 눈썹에 수염을 길게 기른 김병관 씨가 눈에 띄었다. 1인 피켓의 고수라고 부르는 그는 설악산 케이블카 설치에 반대하여 혼자서 무려 1,000일을 피켓을 들고 시위한 경력자다. 설조스님이 단식선언할 때부터 하루도 빠짐없이 단식장을 외호해온 정경호 씨, 좌골 신경통으로 제대로 걷지도 못하는 김용배 씨, 작년 명진스님과 허정스님이 단식할 때부터 궂은일과 허드렛일을 마다하지 않은 남인덕 · 하연자 부부도 한 손에는 우산, 다른 손에는 피켓을 들고 있었다.

식순에 따른 절차를 마치자 그들은 횡단보도를 건너 설조스님이 있는 우정국으로 향했다. 조계사를 에워싼 채 꼿꼿이 선 전경들이 눈알을 굴려 이 소규모 시위단체를 바라보았다. 혹시라도 돌발적인 상황이 벌어질까 봐 경계하는 눈빛은 전혀 아니었다.

단식장 텐트에서 가사를 수한 설조스님이 지팡이를 짚고 느릿느릿 걸어 나왔다.

설조스님이 군중 앞에 서자 사회자가 3배를 권했다. 그러

자 스님은 비를 무릅쓰고 찾아온 지지자에게 1배만을 원하고
는, 목탁소리에 맞춰 선 채 1배하는 지지자들에게 깊숙이 허
리 굽혔다. 의자를 권했으나 그조차 미안한지 스님은 앉지 않
았다.

설조스님은 단식하면서 늘 참회하고 있다고 했다. 그 심정
을 '죄송합니다'라는 말로 대신하면서 법문을 열었다.

"스님들 잘못으로 재가자들을 우중에 모이게 해서 대단히
죄송합니다."

설조스님은 재가자들의 시위를 그 옛날 코삼비의 재가자
들이 승가의 화합을 깨뜨린 사문에게 예경하지 않고 공양하
지 않은 사실에 비견했다.

"혹자는, 재가자들이 왜 승가의 일에 관여하냐, 하겠지만
부처님 당시 코삼비 일을 상기한다면 그런 말은 합당하지 않
지요."

설조스님은 바라이죄를 범하고도 종단 수장의 자리에 앉
아 있는 설정 총무원장을 크게 한 번 꾸짖고 나서 다시 말을
이었다.

"종단을 청정토록 하는 일은 코삼비 신도들처럼 정당한 일
입니다. 부처님이 지금 이 자리에 오신다면 저나 여러분들 하
는 일이 불법에 어긋나지 않는다고 하실 겁니다. 잘못을 저지

르고도 참회할 줄 모르는 저곳에 사는 저 사람들, 저 무도한 사람들에게 너희는 비구가 아니니 자리를 내놓으라고 하실 것입니다."

설조스님은 총무원을 가리켰다.

"제가 덕이 없고 박복해서 저 안에 있는 사람들과 같은 시대에 몸을 받아 살고 있습니다. 제 업도 두텁습니다. 한때 저는 저 무리에 동참했지요. 저 사람들이 저런 짓을 하도록 방조하기도 했고요. 그 죄는 제 목숨이 다해도 녹이기 어려운 큰 죄입니다."

설조스님이 거듭 참회하는데, 하늘에서 내린 비가 몇몇 불자의 얼굴에 흐르는 눈물과 합류했다. 오랜 가뭄 끝에 듣는 빗소리와 설조스님의 참회하는 소리가 수년째 불의에 항거하느라 모질고 거칠어진 마음을 헐겁게 했다. 여성 신도들이 몇 명이 들릴락 말락 흐느꼈다.

침묵은
언제 깨질까

한겨레신문 기자였던 김종철 씨는 설조스님의 단식을 단 한 줄도 다루지 않는 주류언론을 '묵살의 카르텔'이라 비난했다.

그 비난에 대한 메아리는 사흘이 돼서야 겨우 들려왔다. 가장 빠른 반응은 오마이뉴스로부터 나왔고, 공중파인 TBS TV 장윤선의 이슈파이터가 뒤를 이었다. 설조스님은 생방송에 출연하여 조계종의 비리와 단식을 시작한 이유를 설명했다. 설정스님이 단식을 결심한 계기를 제공한 MBC PD수첩 기자들도 단식장을 찾아 취재했다.

그러나 여전히 대부분 주류언론은 미적미적 조계종 동태를 살피는 기색이었다. 그들 내부에 어떤 묵계가 있음이 틀림없었다. 설조스님 단식으로 뒤숭숭한 불교계뿐 아니라 종교계 전체의 해묵은 문제에 개입하지 않으려는 의도가 역력했다. 거꾸로 생각하니 그들로 인해 종교계의 모든 적폐가 해소는커녕 답습되는 것이 아닌지 의심스러웠다. 주류언론으로

서 객관성을 바탕으로 신중을 기하는 태도를 이해하지만, 들리는 말로는 '그쪽(종교) 문제는 긁어 부스럼'이니 될 수 있는 대로 접근하지 말라는 것이 상부 지침이라고 한다. 사실상 책임 회피에 가깝다.

정부도 마찬가지였다. 정부는 정부대로 '정교분리'를 내세워 종교집단에서 생기는 문제에 참견하지 않는다. 과거 종교 문제에 개입했다가 강한 저항을 받은 경험도 있으므로 신중하게 처신할 수밖에 없다는 입장이다.

이 모두가 경험에 따른 어떤 원칙이라지만, 과연 이 세상에는 고정불변의 원칙이란 게 있기나 할까. 웅덩이에 오래 고인 물은 썩기 마련이고, 주차장에 오래 세워 둔 자동차는 시동이 걸리지 않는다. 언론이나 정부가 불교에 참견하지 않는 사이, 어느 절에서는 무소불위의 권승이 생기고, 어느 절에서는 무위도식에 빠진 승려들이 생겨 한국불교가 말법시대에 놓였는지도 모른다. 열심히 수행하는 중도 없고 열심히 포교하는 중도 없으니, 불교계에 떠도는 '되는 일도 안 되는 일도 없다'는 말을 어찌 우연이라 여기겠는가.

설조스님의 단식이 길어지자 총무원에서는 성명을 발표했다. 내용을 살펴보면 외부의 개입을 경계하는 문장으로 가득했다. 설조스님의 단식은 내부의 문제이므로 불교적 방식으로 내부에서 해결하겠다는 논리였다. 구체적으로는 종단 내부의 문제를 내부에서 해결하는 것은 종단 고유의 질서이고, 교단운영의 근간인 종헌·종법과 계율에 따라 '불교적 방식으로 다뤄야할 문제'라는 입장이다.

설조스님의 단식이 41일이나 지속되면서 종헌·종법과과 계율이 무용지물임이 드러났으므로 그 말은 모두 허언이 되었다. 문제를 해결한답시고 누군가 '교권자주 및 혁신위원회'라는 기구를 만들었으나, 조계종 내부를 경험한 사람치고 그 같은 내부기구를 믿을 사람은 내가 단언컨대 아무도 없다.

성명서는 설정스님 단식이 실정법이 아님을 강조했다. 조계종이 성역은 아니지만, 심판대상도 아니라고 했다. 조계종이 수십 년 동안 외부로부터 조금이라도 간섭당할 때마다 만병통치약인 양 내세운 구호가 '불교탄압'이다. 그 구호에 깃든 구태가 한국불교의 구태를 대변하는 것 같아 들을 때마다 구역질이 난다.

조계종만큼 외부의 도움이 절실한 곳이 있을까. 문화재 관리비, 화재 예방에 관련한 정부보조금, 문화재관람료란 명목의 사찰입장료 없이는 사찰 운영이 불가능하다고 목을 매면서도 외부와의 관계에 선을 긋는 것은 눈에 빤히 보이는 이중플레이이다.

죽음 너머를
바라보다

단식장에는 때때로 이런저런 괴팍한 사람들과 사회 부적
응자들이 드나든다. 신이 내린 무속인, 시도 때도 없이 세월
호 얘기를 주절거리는 무직인, 다리를 심하게 저는 장애인,
가난에 찌든 예술인들이 찾아오는데, 이야기를 들어보니 불
교신자라서가 아니라 살아가는 일이 답답해서 여기저기 배
회하는 사람들 같았다. 설조스님은 누가 오더라도 쫓아내지
말라고 단식장을 지키는 사람들에게 당부했다. 밤이면 술 취
한 노숙자들이 노래를 불렀고, 이따금 저들끼리 싸우는 소리
가 밤공기를 흔들어댔다. 노숙자들은 열대야에 냉장고 문을
열듯 수시로 단식장에 와서 생수를 얻어갔다. 설조스님은 모
기장을 치고 누워 있었고, 누운 채 잠이 들었다 깼다 했다. 선
풍기 두 대가 밤새 돌고도 새벽에 또 돌았다. 한여름이라 일
찍 날이 밝았다. 첫 버스가 우정국 앞 정거장에 닿는 소리가
들렸다. 조계사 신도들이 버스에서 내려 수런수런 우정국 앞
을 지나갔다. 새들이 울고 매미가 울기 시작한다. 그 기척에

단식장을 지키는 사람들도 깨어나고 노숙자들도 깨어났다.

좌골 신경통으로 다리를 질질 끌다시피 하면서 매일 단식
장에 오는 관악구 서원동에 사는 김용배 씨는 도정스님과 함
께 설조스님의 천막을 지킨다. 도정스님이 시자에 속하고, 김
용배 씨는 부시자에 속한다. 누구보다 설조스님과 가까이한
그는 나이 일흔 중반이다. 그에게 가까이 모시는 설조스님 얘
기를 해보라 했다. 김용배 씨는 말을 더듬는 데다 발음까지
흐렸지만, 최선을 다하려고 애썼다.

하루는 조계사 부근에 산다는 할머니가 단식장을 찾아와
선 설조스님 천막 앞에 주뼛거렸다. 김용배 씨는 할머니가 설
조스님에게 뭔가 전하고 싶은 말이 있지만, 감히 용기를 내지
못하는 것을 눈치챘다. 할머니는 망설이다가 겨우 김용배 씨
에게 다가와, 스님에게 집안 사정을 얘기하고 싶다고 전했다.
요컨대 법을 구하고 싶다는 것이었다.

김용배 씨는 난처했다. 목숨까지 내던지고 단식 중인 스님
이 사소한 집안 문제에 신경 쓸 경황이 있을지 판단하기 어려
웠다. 그러나 할머니의 간절함을 내치는 것도 스님의 뜻은 아
니리라 생각해 천막 안으로 들어갔다. 말을 전해 들은 스님은

흔쾌히 면담을 허락했다. 옆에 앉아 엿들으니 속 썩이는 자식들 장래를 걱정하는 말을 토로하고 있었다. 걱정이 큰 만큼 스님에게 전하는 말도 길었으나 설조스님은 끝까지 다 들었다. 김용배 씨는 그런 스님을 슬며시 쳐다보았다. 밥을 굶어 기력이 쇠잔한 단식자로서 그 순간 남의 하소연을 끝까지 들어주는 것밖에 달리 방편이 없었겠지만, 남의 하소연을 끝까지 들어주는 것으로도 말하는 사람에게 위안이 되리라고 생각하는 것 같았다. 설조스님이 할머니에게 내린 법담은 별 게 아니었다. 그래도 희망을 잃지 마시고 기도 열심히 하시라. 그 기도에 간절함을 담으시면 부처님께서 응답하실 것이다. 할머니 얼굴이 그제야 활짝 펴졌다. 김용배 씨가 느낀 감동도 적지 않아 할머니가 물러나면서 스님에게 절할 때 하마터면 본인도 함께 절을 할 뻔했다.

단식 보름째. 이보라 의사가 설조스님에게 '위험'을 경고했다. 그러나 설조스님은 단호히 치료를 거부했다.

이보라 씨는 설조스님에게 단식으로 힘든데 사람들과 말을 오래 나누지 말라고 했다. 설조스님은 말하고 싶어도 말할 수 없을 때가 언제 올지 모르는데 말이라도 실컷 하고 싶다며 웃었다.

이보라 씨는 따라 웃을 수 없었다. 보통의 단식자에게서는 듣지 못한 말이라 당혹감을 감출 수 없었다. 스님은 무언가 놓아버린 게 틀림없었다.

그녀는 매주 두세 차례 설조스님을 진료하는데 의식은 여전히 안정적이지만, 혈액을 검사해보니 단백질, 인, 칼슘 수치가 계속 떨어지고 있었다. 반면 혈압과 혈당이 모두 낮은 수치를 보이는 가운데 부정맥 빈도는 높았다. 한마디로 '고위험군'에 속했다. 그녀는 검진 결과를 사람들 앞에서 발표하면서, 언제든 치명적 위험, 죽음으로 연결될 수 있다고 했다.

나는 거주지에서 가까운 설조스님 단식장을 가끔 들렀다. 설조스님이 누군가에 의지해서 겨우 걸어 다니는 모습이 보이곤 했다. 어느 신부와 어렵사리 화장실을 다녀오는 모습도 페이스북 사진으로 보았다. 이보라 씨는 스님이 화장실을 불규칙적으로 드나드는 것을 폐나 심장 등 장기에 발생한 이상 징후라 진단했다.

이보라 씨는 물론 스님에게 이 사실을 전했다. 그러나 설조스님은 대중 앞에서 공언한 대로 목숨이 다하거나 종단에 변화가 생길 때까지 단식을 이어갈 것이라며 자세를 흩뜨리지 않았다. 설령 단식하다 쓰러진다 해도 병원으로 이송하지 말라고도 했다.

이보라 씨는 적지 않은 단식자를 경험했지만, 설조스님처럼 단단히 각오하신 분은 처음이라고 했다. 스님은 연명치료를 거부한 셈이었다. 그녀의 우려는 점점 커졌다. 단식하다 죽는 사람을 처음 보게 되는 것인가. 설조스님이 이미 죽음 너머를 바라보고 있다고 느꼈을지도 모른다.

이보라 씨는 때때로 시위자들 앞에서 마이크를 잡기도 한다. 그 자리에서 그녀는 거듭 얘기했다.

"스님 살리려면 유발요인 유발자 없애는 게 최선입니다."

물론 유발요인은 조계종 부패이고 유발자는 권승이라고도 부르는 조계종 기득권 스님들이다. 그녀는 스님을 곁에서 열심히 지켜보지만, 단식의 굳은 의지를 확인할 수밖에 없는 것은 의사로서의 한계라고 했다.

촛불집회하면
빨갱이?

단식 16일째인 7월 5일 원로스님 다섯 명이 설조스님을 찾아왔다.

그들은 설조스님에게 단식 중단을 호소했다. 원로회의를 소집해 설조스님이 요구하는 총무원장 퇴진을 논의하겠다고도 했다.

그러나 설조스님은 단호했다.

"종단이 변할 수 있다면 제 목숨 하나 불쏘시개로 내놓겠습니다. 뒷일을 부탁합니다."

그날 법주사 스님들 십여 명도 설조스님을 찾아왔다. 설조스님이 원로스님과 대화를 나눌 때였다. 이상하게도 불교신문과 법보신문 기자들이 법주사 스님을 대동했다. 뭔가 속셈이 비쳤다. 그들은 병원으로 모시겠다, 법주사로 내려가서 단식하시라. 설조스님에게 단식을 멈출 것을 강하게 종용했다.

설조는 단연코 거부했다.

낮에, 단식장을 지키는 사람들이 쭈그려 앉아 저녁에 쓸 촛불과 피켓들을 정리하는데 한 오십 대 중반 남자가 단식장 바깥에서 별안간 고함을 쳤다.

"나도 불자야. 한마디 하겠는데, 빨갱이 좌파 중들은 모두 몰아내야 해!"

모두가 황당했지만 대꾸하지 않았다. 그런 사람은 나무랄수록 더 소란을 피운다는 걸 알고 있었기 때문이다. 설조스님이 만류해서 노숙자들과도 다투지 않았기에 인내가 몸에 밴 덕분이기도 했다. 그러자 그 남자가 더욱 의기양양해졌다.

"우리나라는 좌파들 때문에 망했다. 빨갱이들은 죽여도 좋아!"

그리고는 도망치듯 안국동 쪽으로 걸음을 재촉했다. 김용배 씨가 절룩거리며 남자를 뒤따라갔다.

"부처님 법에 좌파 우파가 어디 있고, 빨갱이가 어디 있어?"

딴에는 고함을 친다고 쳤지만 오랜 후두염을 앓아 말소리가 잘 나오지 않았다. 남자가 낄낄거리더니 다시 소리친다.

"빨갱이 중이 많아서 우리나라가 이렇게 시끄러운 거야. 모두 내쫓아버려야 해!"

"부처님께서는, 부처님께서는…… 좌우 양극단에……"

김용배 씨도 뭐라 뭐라 대꾸했다. 다른 사람에게 잘 들리지 않았지만, 그의 말은 입에서 메아리쳤다. 부처님께서는 좌우 양극단에 치우치지 말라고 하셨는데 당신은 왜 좌우 이념에 집착하는가. 당신이 불자라면 부처님 법에 따라야지 왜 사견에 집착하나. 도박, 은처, 성폭행을 비난한다 해서 좌파 빨갱이라 하면 도박승, 은처승, 성폭행 승려는 우파인가? 어느 것이, 어떻게 하는 것이 정법이고 비법인가. 바르게 판단하려면 정견을 지녀야 하는데, 모든 것을 좌우 이념으로 재단할 수 있단 말인가. 외침이 되어 나오지 않는 말로 입안은 물론 위장까지 부글부글 끓었다.

주변 사람들이 말려서 김용배 씨는 다시 단식장으로 돌아왔다. 느티나무 아래 앉아서 겨우 분을 삭이는데, 매미 울음소리가 맹렬했다.

그날 저녁에도 시위가 시작됐다. 이번에는 포교사들이 촛불을 들고 나섰다. 그들은 포교사단 정상화를 기치로 동참했다. MBC PD수첩 방송을 훼불로 규정한 포교사 집행부에 동의할 수 없다고 했다. 포교사단은 MBC PD수첩 '큰스님께 묻습니다' 방송 이후 총 두 차례에 걸쳐 'PD수첩은 훼불언론의 청부방송'이라고 성명을 발표했다.

집회에 참여한 포교사들은, 포교사단의 적폐는 조계종 포교원의 앞잡이 노릇을 해왔기에 생긴 결과라고 했다. 포교사단 집행부가 2017년 서울지역단장 선거를 무산시키고 포교원과 공모해 다수의 포교사를 징계했다고 주장하면서, 포교사단 현 집행부가 총무원 권승들의 행태를 그대로 모방한다고 비난했다.

포교사들이 발언하는데 호법부 관계자로 보이는 사람들이 횡단보도를 건너와 카메라를 들이댔다. 피켓을 든 시위자들이 제지하자 그들은 횡단보도를 건너 되돌아갔다. 상황이 일단락됐지만 그들이 포교사들을 체증하려는 것은 포교사단의 조직이 견고하고 숫자도 많으니 특별한 경계심을 내비친 것이었다.

불광사 신도들도 촛불법회에 관심을 보였다. 그들은 불광사 회주인 지홍스님의 비리에 항의하여 조계종 개혁에 동참했다. 그밖에도 '쌍둥이 아빠'로 알려진 용주사 주지 성월 퇴출을 촉구하는 용주사 신도, 동국대 이사장과 총장의 퇴진을 촉구하며 50일이나 단식했다가 무기정학 당한 김건중 씨도 촛불집회에 나섰다.

이들의 참여가 고무적이긴 해도 작년 겨울 광화문 촛불집회를 본 나는 근심에 쌓였다. 세상이 불교 때문에 시끄러운데 불교신자임에도 별 관심이 없는 사람이 태반이다. 불자가 아닌 일반 국민보다 오히려 더 무관심해 보이는 사람도 있다. 그렇다고 개혁에 반대하는 조계종 집행부 스님들이 정당하다고 생각하는 것도 아니었다. 지금 개혁하지 않으면 불교의 미래가 없다는 말을 믿지 않는 걸까. 아니면 인류가 멸망해도 부처의 가르침은 여전하리라 믿기에 별 상관없다는 걸까. 하긴 오로지 내 가르침과 너 자신의 수행에 의지하라는 게 부처의 유언이었다. 그러나 그걸 실천하는 불자도 그리 많지는 않은 것 같다. 혹은 부처가 남긴 그 유명한 말조차 아예 기억하지 못하거나…….

불이(不二)

"들어 보니 저를 살려달라고 외치던데 저는 염려치 마십시오. 제가 이생을 마치면 그건 제 의사로 당당히 마치는 겁니다."

단식법문을 들으러 모인 시위자들에게 설조스님이 말했다. 그런데도 시위자들은 아까부터 '설조스님을 살려달라'고 계속 구호를 외쳤고, 그 문구가 적힌 피켓이나 깃발을 흔들었다.

설조는 그 사이 눈에 띄게 수척해졌으나 눈빛만큼은 여전히 형형했다.

설조는 1977년에 생긴 종단 이야기를 꺼냈다. 당시 문화공보부에서 조계사와 개운사가 벌였던 세력다툼을 중재하려고 종회의원 전원에게 사표를 요구했다. 그때 설조스님은 사표 대신 사행시를 한 편 써서 보냈다.

天中無二日 천중무이일, 하늘에는 두 개의 해가 없고
心中無二意 심중무이의, 마음에는 두 가지 뜻이 없네
若逢難行時 약봉난행시, 만약 실천하기 어려운 때를 만났다면
豈惜幾斤肉 기석기근육, 어찌 몇 근의 육신을 아까워하리오

불이(不二)였다. 말 그대로 둘이 아니라는 뜻으로, 삶과 죽음을 초월하는 선사로서의 기개를 보인 시였다. 스님은 이 시를 썼던 때와 푸른 텐트 아래서 단식하는 지금이 다르지 않다고 했다.

"단식하다 운명커든 내 뼛가루 담은 봉지를 종단이 정상화될 때까지 이 투쟁장에 남겨주시오. 저와 함께 투쟁한 사람 외에는 일체 내 유골에 관여하지 말아야 합니다."

그 말에 흥분한 몇 명이 총무원 건물을 향해 외쳤다.

"설정 퇴진, 자승 구속!"

역시 대중은 현명했다. 그들의 구호는 누가 먼저이고 누가 나중인지 순서를 알고 있었다. 당나라의 선사인 마조가 스승인 회양과 나눈 법담이 생각났다. 마조의 정진이 답보상태에 빠졌을 때였다. 회양이 마조에게 일침을 놓았다. 소가 수레를 끌고 가려는데 수레가 움직이지 않는다면 그때는 수레를 다그쳐야 하겠느냐, 아니면 소를 다그쳐야 하겠느냐.

"출가자가 돈 만지니 한국불교 다 썩었다."

푸른 조끼를 걸친 단체복에, 주먹을 들었다 났다 하는 사람들의 동작이 예사롭지 않았다. 조끼에 '대불련 동문행동'이라고 적혀 있다. 숫자는 많지 않았으나 그들의 일사불란함 때문인지 전과 달리 시위장이 꽉 차 보였다. 투쟁의 시대를 보낸 80년대 학번들을 오랜만에 설조스님 단식장에서 보았다. 참여불교재가연대에서 보았던 오도선 씨를 만나 인사한 것도 그 자리였다. 오도선 씨와 동료들은 94년 불교개혁 때도 대학생으로 동참한 특별한 인연이 있었다. 7월 7일 대불련 동문들의 참여로 설조스님의 단식이 새로운 국면으로 접어드는 느낌이었다.

인간의 욕망이 끝이 없듯이 세상과 사회를 바꾸고, 종교를 개혁하려는 운동도 끝없이 되풀이된다. 그러나 그런 운동을 하는 사람도 욕망에서 벗어나기 힘들다. 그들 가운데서 어떤 이는 욕망을 추구하려고 현실에 뛰어든다. 그 사이, 다른 사람을 질타하는 데는 능숙해지지만, 나 자신은 깊숙이 들여다보지 않는 사람으로 변질된다. 갈수록 변명은 늘고 반성은 줄어든다. 1994년 개혁을 외쳤던 승려들도 그런 모순에 빠져 지금 와서 개혁 대상이 되지 않았을까.

설조는 1980년 10.27 불교법난 때를 잠시 언급하면서 참회한다고 했다. 시위 현장에서 매우 짧게 그때를 언급해서 대부분은 내막을 모른 채 그대로 넘어갔는데, 나중에 나는 그 상세한 얘기를 단식 후유증으로 병상에 누운 그에게서 직접 들을 수 있었다. 공화당 한 인사가 신군부에서 들이닥칠 거라며 무조건 피하라고 했다. 설조는 그 말에 비행기를 탔지만 곧

후회했다. 군부에 끌려가서 치욕을 당하는 도반들 모습이 떠올랐다. 그때 한국을 떠난 일로 설조는 미국에서 꽤 오랫동안 가슴앓이를 했다.

설조는 법주사 상좌들과 권속에게 유언을 남겼다고 했다. 다시는 적주비구에 의해 종권이 유린당하지 말아야 한다고도 했다. 스님은 재차 당부했다.

"스님네들도 궐기하고 재가자들도 궐기하여 교단을 바꿉시다. 국민들이 불교를 등지는 일이 다시는 없어야겠습니다."

설조는 그리 달변가가 아니었지만 눌변가는 더더욱 아니었다. 단호하게 표현해야 할 때 어눌한 말소리가 나오고, 더듬거리는 말투면서도 이상하게 확고함이 유지되는 말투였다. 노자는, '가장 뛰어난 말솜씨는 말을 더듬거리는 것처럼 보인다'는 글을 남겼다. 설조는 과묵한 편이기도 했다. 먼저 할 얘기를 나중에 하고, 나중에 할 얘기를 먼저 하는 판단력도 있어 보였다. 원학스님과 현진스님이 자승의 얘기를 전하려 두 번이나 찾아온 얘기도 때를 가려 10일이 지나서야 했다. 그는 바위처럼 조용한 노인이었다.

불자로 사는
아픔

화염병을 치켜들었다. 그 순간 공장에서 밤낮없이 일해서 번 돈으로 등록금을 내주는 부모 얼굴이 떠올랐다. 화염병을 내려놓고 경찰이 보이지 않은 곳으로 무조건 도망쳤다.

70, 80년대 시위 현장에 나섰던 세대의 경험담이다. 한번 단념한 후로는 시위 현장을 쳐다보기도 싫었다고 한다. 불의를 외면하는 것은 비겁했지만 먹고사는 일이 세상 무엇보다 중요했다.

정의는 소수의 몫이었다. 그 소수가 '민주투사'란 이름으로 온몸에 불을 붙이고 건물 옥상에서 뛰어내렸을 때 다수는 묵묵히 직장을 다녔다.

그때나 지금이나 먹고사는 일이 본능에 가깝다는 건 누구나 알고 있다. 대한민국 성인 남녀가 이른 아침부터 돈을 벌려고 여기저기 돌아다니는 것이나 저 아프리카 동물이 잠에서 깨어나 먹이를 찾아 들판을 헤매는 것이나 무슨 차이가 있단 말인가.

소설가 김훈의 '밥에 대한 단상'이란 짧은 글이 생각난다. 기자 시절 시위 현장에서 점심을 먹는 장면을 보고 쓴 글이다. 전경들은 땅바닥에 주저앉아 밥을 먹는다. 시위대도 준비해 온 도시락이나 짜장면을 배달시켜 먹는다. 시위대와 전경이 대치한 거리의 식당에서 기자도 짬뽕으로 점심을 먹는다.

김훈이 시위현장의 점심시간을 보고 실감한 것은 먹고사는 일의 공평성이다. 김훈의 글은 시종 담담했다. 밥 먹을 때가 되니 전경조차 짜장면 배달원이 시위대에게 갈 수 있도록 길을 터준다.

설조스님의 목숨 건 단식이 20일째 이어지고 있다. 조계사에 갔다가 우연히 그가 처음 단식을 선언하는 것을 봤는데 세수 88세라 했다. 우리나라 남자 평균 수명을 넘긴 그였지만 뜻밖에도 꼬부랑 할아버지가 아니었다. 고목이긴 했지만 참나무의 단단한 몸피가 느껴졌다. 목소리는 나직하면서도 힘찬 편이었다. 그런 신체조건이라 20일이나 버텼겠지만, 지금보니 눈에 띄게 작아졌고, 내가 짐작하기엔 앞으로 더 작아질 일만 남은 것 같다.

불교닷컴과 불교포커스라는 인터넷 신문을 보니 그의 단식에는 목숨이 걸려 있었다. 한겨레신문사에 있다가 퇴직한 언론인 김종철에게 그는 그 사실을 고백했다.

"단식한다고 서울에 올라올 때 상좌들에게 내 뼛가루는 바위 밑에 뿌리고 작은 표지석이나 하나 세워 달라 했어요. 우리나라 내로라하는 거부도 수목장하는데 명색이 중이 호사스럽게 부도하는 건 말이 안 되지요."

법주사를 떠나기 전 전각을 빠짐없이 돌았다. 각 전각 부처님께 교단을 위해 늙음 몸을 공양하니 받아 주시라고 기도했다. 불쏘시개가 되면 변화의 조짐이 보이리라 생각했다.

그가 관철하고자 하는 조계종의 부정부패 공론화는 뜻을 이루기 어려울 전망이다. 그도 그럴 것이, 그의 단식을 아는 사람은 불교계건 그 바깥이건 소수임이 틀림없을뿐더러 그 소수조차 관심이 크지 않은 느낌이다. 설조스님과 비슷한 나이의 원로스님조차 관심을 두려 하지 않는다. 원로회의 스님이니 방장스님, 조실스님이니 율사스님으로 부르는 층들의 침묵은 조계종에 더 이상 바른 말할 세력이 없다는 뜻이다. 물질에 의한 타락 못지않은 정신의 타락을 의미한다. 불교계 내부가 이러하니 그 바깥은 말할 것도 없다. 언론과 정부는 침묵한다. 조계사를 지나는 시민도 우정국 주변은 늘 그렇게 시끄러운 자리려니 생각하는 듯하다.

21세기를 지배하는 사조인 신자유주의란 각자도생의 다른 말이라고 했나. 불교계는 깨달은 사람은 흔해도 자비를 베푸는 사람은 희박했다.

사실을 안다는 것과 모르는 것에는 큰 차이 있다. 조현아와 조현민이 땅콩과 물컵을 집어 던지기까지 2018년 기준 2만여 명에 이르는 대한항공 종업원들은 침묵을 지켰다. 1962년 대한항공을 창립한 이래 누구로부터도 자유를 방해받지 않았지만, 7천만 원에서 1억 원에 이르는 평균연봉이 종업원들의 입을 단단히 틀어막았다.

대한항공 사주 가족의 횡포가 최초 들통 난 곳은 공공장소인 비행기 안에서였다. 유감스럽게도 맏딸의 분노장애가 대한항공이란 판도라를 세상에 알렸다.

페이스북을 통해 조계사에서 벌어지는 시위를 종종 본다. 소임지가 바뀌는 스님을 빼고 등장인물은 언제나 한결같다. 그중 조계사 종무원을 눈여겨보는데 일종의 수비수랄까, 궂은일을 몸으로 막아서는 인물이 몇 명 있다. 그들은 수비수지만 때때로 오버래핑하듯 거침없고 공격적이다.

그들이라고 그 일을 원해서 할까. 그럴 수도 있겠지만 천성이 부역자가 아니고서야 그 일을 추동하는 힘은 역시 먹고사는 일일 수밖에 없다.

설조스님의 단식을 곁에서 살피는 이는 이보라 씨다. 내과

의인 이씨는, 설조스님이 의학적 처치를 하지 말라고 당부해 곁에서 지켜볼 뿐 의사로서 할 수 있는 일이 없다고 했다. 젊은 그녀는 매우 의미심장한 말을 덧붙인다.

"인간은 먹고살려고 무슨 짓이든 하는 존재지만, 동시에 인간다움, 정의, 더 높은 이상을 위해 자기 몸을 희생하는 존재지요."

이보라 씨는, 그 두 부류가 지금 조계사에서 대립하고 있다고 했다.

그 말에 유리조각을 밟고 선 느낌이었다. 나는 안다. 그 두 부류가 대한민국이란 나라에 언제 어디서나 존재했다는 사실을. 대한민국이 민주화를 이루기까지는 한 독재자가 부하의 총에 맞고도 8년이 지났다. 어쩐지 조계종의 개혁이 불길하고 버겁게만 느껴진다.

이 글을 나는 7월 9일 블로그에 썼다. 설조스님 단식이 길어지리라 예상했지만, 20일째 이어지자 허를 찔린 느낌이었다. 나는 단식에 대해 잘 알지 못했고, 그는 기적처럼 살아 있었다.

나쁜
관습

　부식차가 막걸리를 드럼통에 실어 왔다. 운동장 한켠에는 사지가 멀쩡한 돼지고기가 껍질이 벗겨진 채 누워 있다. 아줌마 몇이 식칼을 휘둘러 돼지뼈를 빠개고 내장을 발라낸다. 가마솥에서 찌개가 펄펄 끓고 삶은 고기의 누린내가 확 퍼진다. 사회자가 마이크를 붙들고 뭐라 얘기하지만 쳐다보는 사람은 드물다. 관중들이 운동장 바닥에 앉아 뜨거운 찌개와 차가운 막걸리를 번갈아 마신다. 국회의원과 도지사는 벌써 다녀갔고 단상에는 군수와 경찰서장, 면장 등 낯익은 얼굴들만 남아 있다.

　드디어 그가 등장한다. 사회자는 '반공', '멸공'을 외치고는, 작년과 마찬가지로 손가락 하나를 자를 거라 했다. 으아아악. 그가 준비된 칼로 손가락을 자르며 비명을 지를 때야 비로소 사람들이 단상을 쳐다봤다. 잘린 손가락에서 피가 뚝뚝 떨어진다. 일그러진 얼굴, 실핏줄이 터져버린 눈의 흰자위. 아으 씨발! 그는 단상의 사람들이건 운동장 사람들이건 가리지 않고 눈을 부라린다. 운동장에서 서먹하게 들려오는 박수소리를 이내 침묵이 삼켜버린다. 경찰서장이 다가가서야 가쁜 숨이 잦아드는, 가끔 감옥에도 다녀온다는 동네 소문난 애국자 아저씨.

해마다 연례행사처럼 시골 동네에서 벌어지던 '반공을 내세운 단지 행사'가 사라진 건 우리 시대의 독재자가 부하의 총에 맞아 서거한 후였다. 적어도 내 기억으로는 그 후 다시는 보지 못한 풍경 같다.

7월 10일 아침 6시 10분, 설정 총무원장이 단식하는 설조 스님에게 다가왔다. 한두 사람 물러난다고 조계종의 묵은 적폐가 사라지겠냐고 했단다. 그 말도 틀리지 않다는 생각과 동시에 내게 떠오른 건 어느 날 사라진 '손가락 절단 해프닝'이었다. 한 사람이 사라진다고 세상이 금세 바뀌기야 하겠냐만 나쁜 관습 하나쯤은 사라진다. 어느 가을 하늘에서 잠자리 떼 갑자기 자취를 감추듯. 그것이 개혁의 조짐이거나 시작이라고 나는 믿는다.

죄송합니다,
죄송합니다…….

2018년 7월 12일 목요일이었다. 나는 조계사 우정국으로 가서 설조스님의 단식법문을 스마트폰으로 녹화했다.

여전히 주류언론은 설조의 단식을 묵살했지만, 페이스북을 중심으로 SNS에서는 뜨겁게 달아올랐다. 공교롭게도 내가 올린 글과 동영상을 여러 팔로워들이 300회 이상 공유하면서 설조의 단식 사실이 좀 더 많은 이들에게 알려졌으리라 생각한다. 물론 죽음을 담보한 비장한 법문도 널리 알려졌다.

설조스님은, 당신이 단식하다 죽거든 단식 장소에 화장하고 남은 재를 한 봉지라도 놓아 달라고 했다. 그의 말 마디마디에 죽기를 각오하고 밥을 굶는다고 믿어지는 정황들이 스며있었다.

"제 시신에 관해서는 이미 제 주변 사람들과 변호사에게 위임했습니다. 제 시신을 제가 원하지 않는 장소에 옮기지 못하도록 조치한 것입니다. 제 젊은 도반 중에는 제 시신을 유리관 속에 넣어 종단이 정상화될 때까지 놔두자고 합니다. 오죽이나 답답하면 그런 말을 하겠습니까. 어쨌든 현 종단이나 저와 인연이 있는 산중 스님이 어쩌지 못하도록……"

설조는 단식하다 입적한 장소에 유골 한 조각이라도 놓아둬서 훗날에라도 당신이 간절히 원했던 조계종 개혁을 보고 싶다는 것이었다. 조계사에서 단식하는 스님을 여러 번 보았지만, 뼈가 시리도록 절절하게 진심이 느껴지기는 설조스님이 처음이었다. 아! 이 스님은 죽기를 각오했구나. 설조를 둘러싸고 그 자리에 있던 사람들 모두가 나와 같은 느낌이었음이 틀림없다. 여성 몇몇이 흐느끼는 소리가 들렸다. 설조의 단식법문은 일종의 공개 유언이었다.

죄송합니다, 죄송합니다……. 설조는 몇 차례나 당신의 원죄를 빌었다. 94년 개혁종단 당시 개혁회의 부의장이었던 당신의 잘못을 숨김없이 드러냈다. 개혁회의는 사부대중 가운데 비구니와 재가자를 배제했다. 오직 비구만이 개혁회의를 주도하자 재가자들은 허탈감에 빠졌다. 의현 전 총무원장의 부패를 척결하는데 적지 않은 역할을 했던 재가자가 배제되면서 설조스님이 주장한 재정 투명화는 더욱 멀어져갔다. 반면, 개혁회의의 원칙 없는 인선은 개혁을 왜 하는지 본질이 의심스러웠다. 화합 차원이라는 허울로 일부 비개혁적 세력을 끌어들였는데, 그들은 종헌·종법을 개정하는 과정에서 철저히 자기 안위를 위해서만 투표권을 행사했다.

개혁회의 총무원의 울타리는 점점 높아져만 갔다. 그 안에 어떤 일이 벌어지는지는 총무원장과 그 측근만 아는 판도라 상자가 되었다.

죄송합니다, 죄송합니다……. 대한민국 불자들이 정말로 듣고 싶어 했던 것이 스님의 사과 아니었을까. 모두들 깊이 감명했다. 수십 년 만에 처음 들어보는 스님네의 사과이다.

설조스님의 법문이 끝날 무렵 한 젊은 불자가 외쳤다.

"스님, 살아서 함께 해주십시오."

"뭘…… 함께요?"

설조스님은 한 번에 알아듣지 못했다. 젊은이가 다시 외쳤다.

"스님, 살아서 함께 해주십시오."

설조스님이 목소리를 가다듬었다.

"그것은 저도 원하는 바입니다. 저도 제 목숨 귀한 줄 알고 있지요. 이 시간이 참으로 어려운 시간입니다. 그러나 제가 말씀 드리는 것은 제 생전에는 뜻을 이루지 못하더라도 살아 있는 여러분은 주저하지 마시고 불교 개혁을 외치란 겁니다. 제 유골 한 조각이라도 제가 단식하던 자리에 남아 있다면 저는 여러분의 소원이 성취되도록 부처님께 열심히 기도하겠습니다. 여러분의 주장을 관철해서 다시는 이 땅에서 불행한 일들이 생기지 않도록 해주시기 바랍니다."

'유교경(遺敎經)'은 부처가 열반에 들기 전 제자들에게 남긴 마지막 말을 기록하고 있다. 거기에 씌어 있다. 부끄러움과 창피함을 아는 것이 우주를 지탱하는 두 기둥이다. 설조스님도 그런 자각에 이르렀던 게 분명하다.

시위 군중이
흩어진 자리

설조스님의 단식법문을 끝나면 시위 군중들은 뿔뿔이 흩어진다. 더러는 식당에 가서 늦은 밥을 먹고, 밥을 먹으면서 술을 마시고, 술을 마시다가 파이팅! 건배사를 외치기도 할 것이다.

촛불집회 때 나는 늘 선글라스를 꼈다. 목요일 날에는 저녁 7시가 시위의 시작이라 끝날 무렵이면 날이 컴컴해진다. 그때에도 나는 선글라스를 벗지 않았다.

내가 선글라스를 끼고 다니는 것은 내가 요주의·요시찰 인물이라서가 아니라, 시위라는 낯선 문화로부터 조금이라도 나를 보호해줄 것 같아서이다. 사실 나는 사람들이 몰려다니면서 구호를 외치고, 삶을 바꾸게 해달라고 주장하는 행위를 왠지 불편하게 여기고 있다. 그 옛날 최루탄 연기 자욱한 아스팔트 거리로 몇 번 나선 적도 있지만, 군사정권에 처절히 저항해서라기보다 데모꾼인 친구를 따라다녔을 뿐이었다.

설조스님의 단식이 길어지면서 촛불집회 양상이 다양해지기 시작했다. 처음에는 순교자를 대하듯 엄숙한 분위기였다. 차츰

플래카드와 피켓, 깃발이 늘고, 사물놀이팀이 가세하면서, 설조스님에게는 미안하지만, 저잣거리 축제인 양 신명을 돋우었다. 애드벌룬을 띄우기도 했고, 방송차량 대형스크린을 통해 PD수첩의 장면들과 설조스님의 단식법문을 번갈아 볼 수 있었다.

시위는 늘 그렇듯 떠들썩하다. 아무리 대열을 잘 갖춘다 해도 시위의 본질은 혼란이다. 무대에 오른 연사는 대부분 격정을 토해낸다. 박수를 치고 환호하지만 그가 무슨 말을 했는지 일주일 정도 지나가면 새까맣게 잊어버린다. 잊지 못할 이야기도 있다. 작년 총무원장 선거를 앞두고 보신각에서 시위할 때 어떤 스님은 호법부에 끌려가서 죽도록 맞았다는 이야기를 무대에 털썩 주저앉은 채 판소리의 중모리, 중중모리, 잦은모리로 쏟아내서 콩자루가 터지듯 와르르르 웃음을 끌어냈다.

1994년 종단 개혁 때와는 사뭇 달라진 풍경이다. 그때는 헬멧과 방패로 무장한 전투경찰이 진압봉을 휘두르며 총무원 건물을 공략했다. 서의현이 사주한 폭력배가 조계사에 난입해 도망치는 스님과 재가자를 구타했다. 스님들도 경찰에 대항해 쇠파이프를 휘두르고 벽돌을 던졌다.

지금은 그때처럼 폭력적이지 않다. 다만 조계종 호법부 스님들은 대낮에 시민들이 보는 데서 적광스님이란 사미를 어디론가 끌고 가서 여전히 종식되지 않은 불교계의 폭력을 보여줬다. 적광스님은 개 끌려가듯 끌려가면서 "대한민국 경찰이 이건 아니지요!" 목이 터지라 외쳤지만 대답 없는 메아리였다. 그 자리엔 물론 사복경찰이 있었다.

조계사 '소임자 스님'도 약간 폭력적인 데가 있었다. 폭력배처럼 몸을 쓰진 않았지만, 눈을 부라려 상대를 위협하고 거칠게 사람들 사이를 휘젓고 다니면서 두어 마디 욕설도 했다.

설조스님 지지자들이 길거리를 행진하며 구호와 함성을 외치고 때대로 욕설도 불사했지만, 폭력이라고 느낄 만한 과격성은 찾아보기 힘들었다. 시위자들도 그리 많지 않았다. 오히려 조계사 일주문 쪽이 더 시끄러웠다. '조계사 성역화불사 기원법회'란 듣도 보도 못한 법회에 모인 신도들은 여전히 일주문에 앉아 다라니경을 읊조렸고, 대형스피커가 그 소리를 빨아들여 설조스님 지지자들을 기죽이고 있었다. 촛불집회 때마다 전투경찰이 조계사를 에워싸는데 시위자들보다 숫자가 많아 보였다.

시위는 꼭 승리만을 추구하지 않는다. 실패해도 그만큼 상대에게 시위 의도를 전할 수 있기 때문이다. 설조스님 지지자치고 조계사를 둘러싼 전투경찰의 대오를 뚫고 조계사로 진입할 수 있으리라 믿는 사람은 별로 없어 보였다.

그래서 그런지 나는 촛불집회에 회의를 느끼기도 했다. 촛불집회가 평화적 시위임을 전제하기 때문이었다. 촛불로도 조금씩 변화가 생기겠지만, 그렇게 해서 저 완강한 조계종 기득권 세력을 언제 무너뜨릴 것인가. 스테판 에쎌도 '모든 것을 다 갖춘 강한 적을 상대로 하는 민중은 꼭 비폭력적일 필요는 없다'고 말하지 않았던가. 민주주의를 갈망해서 몸에 휘발유를 붓고 불을 질러 옥상에서 뛰어내린 80년대 대학생들이 눈앞에 어른거렸다.

그래도 7월 12일 촛불집회는 그 이전과 달리 격정적인 데가 있었다. 한 여성 불자가 전경의 벽에 몸을 던졌다가 깨진 달걀처럼 흘러내렸다. 그 과정에서 몸을 다쳤는지 쓰러진 채 일어서지 못했다. 119구급차가 급히 달려와서 여성 불자를 들것에 싣고 갔다.

김종연 씨는 내가 본 시위자 가운데 가장 격정적이다. 얼굴은 벼린 조선낫처럼 생겼다. 우리나라가 예선 탈락했지만 러시아 월드컵이 결승전을 향해갈수록 여전히 잠을 설치는 사람이 많았다. 김종연 씨는 축구선수로 치면 멀티플레이어다. 그는 페이스북에 글을 올려 가차 없이 스님들을 공박하고, 조계사 앞에서는 주저 없이 1인 피켓을 선다. 김종연 씨가 그 시끄러운 방송차 운전자라는 걸 나중에 알고 나는 그의 운동장이 축구장이 아님을 아쉬워했다. 그는 시위현장뿐 아니라 틈만 나면 조계사, 봉은사, 용주사에 방송차를 댄다. 그리고는 스피커를 최대 출력으로 올려놓는다. 그는 그것을 '권승들의 고막을 청소한다'고 표현한다.

토마토처럼 생긴 홍영주 씨는 타고난 홍보담당자다. 그녀는 스마트폰으로 시위 광경을 찍어 페이스북에 알린다. 촛불집회 포스터를 복사에 여기저기 옮기는 것도 그녀의 몫이다. 정의감이 강한 그녀는 페이스북에 명상수행 일정을 알린 어느 스님 게시판 밑에 '설조스님을 살려주세요'란 배너를 붙여 놓는다.

선글라스 너머로 조계사 앞에서 벌어지는 시위를 본다. 시위대들 틈에 끼어 현장을 돌아다니기도 한다. 매우 가까운 데서 소란이 일어나는데도 나의 선글라스는 마치 코팅한 커피 하우스 유리창 곁에 앉았을 때처럼 제 삼자 위치에 나를 있게 한다. 나는 거의 혼자 다녔다. 몇몇 아는 얼굴을 만났지만 이 상하게 알은체하고 싶지 않았다.

시위 군중이 흩어진 자리. 나는 설조스님 천막 앞에 한동안 우두커니 서 있었다. 모기장 너머로 조금 전 유언에 버금가는 비장한 법문을 끝낸, 여전히 가사를 수한 설조스님이 보였다. 그는 고독한 수행자였다. 그 앞에 서 있는 나도 고독한 시위 참가자였다. 그렇게 멀찌감치 설조스님을 친견하며 나는 속으로 다짐했다. 당신의 마음속으로 들어가 당신의 언어를 내 능력껏 세상에 전하겠습니다.

문재인 대통령에게
드리는 편지

정확히 111년 만이라고 했다. 사상 최고의 폭염이 2018년의 여름을 삶아댔다. 거리가 절절 끓고 가로수가 말라 죽어갔다. 작년 겨울은 서울 아침 최저기온이 영하 17.8도까지 내려갔다. 기상청은 55년 만의 기록적인 추위라고 했다. 단독주택은 물론 아파트 수도관까지 얼었다. 모두가 이상 기온 탓이었다.

중국이 폐기물 수입을 중단하면서 전 세계 쓰레기 대란을 불러왔다. 바닷가 모래 벌로 죽은 고래가 밀려왔다. 배를 가르니 플라스틱 쓰레기들이 쏟아져 나왔다.

기상청과 환경부는 연일 걱정을 쏟아냈다. 그들이 진심으로 대한민국을 걱정할 때 조계종과 명성교회는 권력 유지와 세습에 정신이 팔려 있었다. 기상청과 환경부 공무원이 스님이나 목사들보다 훨씬 국민을 걱정하고 있음을 실감했다.

재앙을 불러오는 날씨와 환경은 오늘의 문제만은 아니다. 김부식이 쓴 삼국사기는 신라의 수도 서라벌이 겪은 이상 현상을 단말마처럼 기록하고 있다. '기근이 일어나 자녀를 파는 자가 있었다. 황룡사 장륙상에서 눈물이 흘러 발꿈치까지 내리었다. 흰 개가 대궐 담 위로 올라왔다…….' 서라벌에 흉년이 들었으리라 짐작되는 시기를 불길함이 질펀하게 묻어나는 문장으로 전하고 있다.

그럴 때 백성들은 왕을 쳐다본다. 왕은 즉시 국사를 대궐로 불러 기우제를 올렸다. 경기도 의정부시 도봉산에 있는 망월사에는 혜거국사 부도가 있다. 혜거는 고려 광종 때 국사를 지낸 인물이다. 956년 여름, 혹독한 가뭄이 들었다. 혜거는 대궐에 가서 향로를 잡고 대운륜경(大雲輪經)을 외웠다. 정병에서 지렁이가 나오고 푸른 하늘에 갑자기 구름이 모이더니 큰비가 쏟아졌다. 왕도 백성도 하늘을 올려다보며 기뻐했을 것이다.

설조스님은 7월 7일 '국민에게 드리는 영상편지'를 발표한 데 이어 문재인 대통령에게 편지를 썼다. 단식 27일째인 7월 15일이었다.

페이스북에서는 '청와대 국민소통광장'에 국민청원을 하자는 글이 나돌았다. 누가 나에게 협조해 달라서 나는 글을 써서 국민청원을 공유했다.

조계종은
여든여덟 노승의 단식을 중단시키지 못해

자정능력을 상실했습니다.

불교가 정의를 외면하므로

우리 각자가 정의가 되어

불교를 일깨우는 수밖에 없습니다.

세상을 변화시키는 힘은

아주 작은 곳에서 시작합니다.

바로 나로부터 세상이 시작합니다.

불교의 주인인 내 힘으로

조계종을 변화시켜야 합니다.

참여합시다!

설조는 애초 조계종 내부방식으로는 문제가 해결되지 않으리라 생각했다. 그가 '국민에게 드리는 편지'를 촬영한 6월 25일에 나는 이미 그걸 눈치챘다.

설조의 예상은 맞았다. 종정예하의 교시에 따라 '교권 자주 및 혁신위원회'를 구성하여 의혹을 규명하고 종단 혁신을 위한 방안을 심도 있게 논의한다고는 했지만, 단식 27일째 되도록 아무런 기별이 없었다. 저들은 아무것도 각성하지 않았고, 각성할 필요조차 느끼지 않는 것 같았다.

설조는 문재인 대통령에게 쓴 편지는 국민에게 드리는 편지와 달리 전문이 공개되지 않았다. 나는 언론에 부분적으로 알려진 글로써 그 내용을 더듬어 볼 수밖에 없었다.

그는 반나절에 걸쳐 친필로 편지를 썼다.

그는 먼저 문재인 대통령에게 관심을 호소했다. 조계종이 미풍양속을 해치고 일반 사회질서를 유린하는 만큼, 치외법권으로 방치해서는 안 될 것입니다.

그는 조계종을 통렬히 비판했다. 조계종 총무원장과 그 일당들은 사고가 마비된 이들입니다. 바르게 쓰여야 할 시줏돈을 부정하게 가로채고, 패당을 만들어 종권을 독점했으며, 부패한 언론인과 결탁해서 무풍지대의 난행을 자행하고 있습니다.

스님은 반문했다. 종교 교리나 전통은 통치의 대상이 아니지만 그 종사자들의 방종한 행동이 교단 내규뿐 아니라 미풍양속을 해치고, 일반 사회질서를 유린해도 법치대상이 아니라고 해서야 되겠습니까. 조계종 문제를 단순히 내부 분쟁으로 치부하는 것은, 정치권이 대립할 때 '직업정치인들만의 당권 다툼인데 국민이 무슨 상관이냐'는 말에 불과할 것입니다.

그는 거듭 호소했다. 대통령께 짐이 되어 죄송스럽지만, 선량한 스님과 신도들의 분발로 다시는 유사승려들에 의하여 교단이 점령되는 일이 없도록 너그럽고 크신 마음으로 살펴주시기 바랍니다.

마지막
잎새

7월 14일 토요일이었다.

설조스님의 단식이 25일째 들어섰다. 단식장을 지키는 사람들이 전하길, 오늘 아침엔 말씀이 더 흐릿하셨단다.

나는 그 소식을 듣자 등대가 떠올랐다. 그러자 캄캄한 바다를 덮은 자욱한 안개에 가려 겨우 가물거리는 등댓불이 보였다.

나는 페이스북에 썼다.

등대처럼 어디서든 볼 수 있도록 정의가 살아있어야겠지요.
죽은 시인의 사회가 아닌, 살아있는 양심의 나라!

그 글에 댓글들이 다닥다닥 붙었는데 그중에서 뽑아본다.

Sungdae Jang : 왜 불교신자들은 촛불을 안 들지요.
불자이기를 이미 던저 버린거 아닙니까?

저 훌륭한 참 불자 스님이 진정한 정의 진리를 위해 목숨을 내놓고 홀로 중생의 올바른 가르침을 위해 생사를 헤매고 있으신데 무엇을 주저들 하십니까?

임문정 증말 뭔일나면 어쩌려고 안나가고 버티는지 ....하긴 얼마나 이득이되면 버티는지 징글징글하네요

김정관 소위 불교지도자라는 사람들...수행의 결과가 그들이라면 불교는 종교에서 지워져야 합니다.

Sungdae Jang 대한불교 정의의 불자들이 이제 촛불을 들어야 할 때입니다.

이제 세상이 종교를 개혁해야할 때이기도 합니다.

고원영 어쩌다가 우리들이 종교를 걱정하게 됐을까요.

서첨지 종단의 오랜 폐습인 조계종 종무원 해체등 케케묵은 폐습은 반드시 걷어 내어야 중이 스님다워 지리라 생각합니다.

오후 5시가 되자 주말을 반납한 사람들이 템플스테이 본부 앞에 모이기 시작했다. 다소 변화가 보였다. 이틀 전보다 시위군중이 훨씬 늘어난 것이었다. 자세히 살펴보니 불광사 신도들이 가세했다. 푸른 쪼기의 대불청 회원들도 눈에 띄었지만 불광사 신도들이 유독 많았다. 불광사 신도들의 규탄은, 불광사 회주이자 조계종 포교원장인 지홍스님이 여성 종무

원과의 추문과 공금 횡령에 관한 내용이었다.

그리고 보니 사실이든 아니든 조계종의 세 원장인 총무원장, 교육원장, 포교원장이 모두 여성 추문에 걸려들어 전전긍긍하고 있었다. 대한불교조계종 역사에 다시없는 우연의 일치였다.

경기도 화성의 용주사 주지 성월스님도 은처와 쌍둥이 자식 파문으로 몇 년째 신도들과 진실공방 중이었다. 성월 주지와 쌍둥이 자식의 현수막 사진이 볼썽사납게 바람에 펄럭였다.

징소리가 울렸다. 오백 명이 넘는 설조스님 지지자들이 횡단보도를 넘어 조계사로 향했다. 조계사를 에워싼 전경들 눈빛이 전과는 사뭇 달라져 있었다. 징소리에 북소리가 어울리자 시위대는 되든 안 되든 전경을 밀어붙였다. 진압복으로 무장한 전경들이 팔짱을 끼고 시위대들을 버텨냈다. 전경들은 찡그린 얼굴로 어른들의 육탄공세를 받아내고 있었다. 으쌰, 으쌰……. 초등학교 운동회 줄다리기 시합 때처럼 양쪽의 힘이 맞서고 있었다.

"지이발 그만 좀 하이소예. 마카 힘들어예!"

그 와중에 안경을 쓴 경상도 전경이 거의 울상인 얼굴로 외치는 소리를 듣고 나는 실소를 머금었다. 녀석이 쓴 전경모자의 챙이 초등학교 운동회 때처럼 뒤로 돌아가 있었다.

언론사 카메라와 시위자들의 수많은 스마트폰이 전경과

시위대의 몸싸움에 집중한 사이, 나는 관세음보살을 청념하며 울고 있는 한 여성 신도를 보았다. 그녀가 누군지 모르겠으되, 나는 막연히 불광사 신도라고 짐작했다. 내 스마트폰 카메라가 그녀의 우는 얼굴을 담았다. 전경과의 대치가 끝나고 설조스님 단식법문이 시작되는데도 내 머릿속에는 불광사 보살의 울음소리가 부글거렸다. 그날 집으로 돌아온 나는 페이스북에 썼다.

중생이 아파하자 밥을 굶기로 작정한 스님이 있습니다. 단식 25일째. 스님은 오 헨리의 '마지막 잎새'에 나오는 주인공처럼 창밖의 넝쿨 나뭇잎을 바라보고 있을까요. 그렇다면 우리 모두 화가가 되어 담벼락에 나뭇잎을 그려 넣어야 합니다. 바람이 거세게 불어도 떨어지지 않는 우리들의 마지막 잎새가 설조스님을 살려낼 수 있을 거라 믿어요.

내 글을 156명의 팔로워가 공유했는데, 우리나라 386세대로서 끈질기게 참여문학(engagement literature)의 입장을 고수하면서 소외계층의 편에서 글을 쓰는 공지영 작가도 그중 하나였다.

7월 14일..스님을 살려주십시오 Jiyoung Gong

관세음보살을 칭념하며 울고 있는 여성 불자

역시 불자들이 인색하다고 하는 댓글들이 내 글에서는 예외적 현상임이 증명됐다.

정인수 설조스님, 조계종이 어떤 집단인지 저 보다 더 잘 아시는
분이 그런 기대를 하시다니?? 마음이 아플 뿐입니다!!
나무아미타불나무아미타불.

이무대 장부 죽을 자리를 찾음은 희유하며
동방 이차돈 순교 …

박비주안 설조스님.....ㅠㅠ

이성수 생노병사 석가도 못깨웃 치구 죽었건만 살아있을때 지대
루 살다 가지 딴사람들 마음 아프게 하는것두 죄일세

박연숙 스님 생명이 위태한데 하 많은 정치인 중에 동조단식 하
는 위인 하나 없네요.

Sungdae Jang 세상이 다 그렇지요.
그래서 진리는 이 세상에서 죽게 되어있지요.
사탄들은 요지부동하니까요.

김영준 종교는 참수행자의 그림자일 뿐이다.
종교는 현 시대의 문명발전의 흐름에 뒤쳐지고 있다 역행하지
않으면 그나마 다행인것을..
이제 곧 종교는 인류의 문화로 남게 될 것 이다..

모든 인류는 곧 모든 선과악의 시초인 양심을 통하여 참다운 삶과 참다운 수행을 참인간으로서의 삶을 인류는 살아갈 것이다.

OOOOOOOOOOOOO

최지영 무엇이 정답일까요 부처님!

이국향 가슴이 에리다 정원스님이 생각나네요

말리고싶은데 굳은 짐념은 누구도 막지못해 마음이 아프네요

Sungdae Jang 진리를 생명보다 더 소중하게 여기며

그러한 삶과 수행을 해오셨기때문이죠.

김영환 상처는 도려내야 도는데...

일부 스님들은 아직도 멀었네

박진규 주여~ 설조스님을 지켜주소서!

Sungdae Jang 설조스님도 예수의 죽음의 의미를 아시겠지요.

그렇지 않고는 중생들과 대한불교조계종이 깨닫지 못하기 때문입니다.

기독교는 아직도 깨닫지 못하고 세상이 종교를 변화시켜야 하는 절대절명의 시대에 와 있습니다.

정태웅 그런데 누가 수술을 집도 할것인가? 그것이 문제네요.

썩은부분 빨리 도려내야 중생이 사는데

허태구 옴마니반메훔

김병화 정치승들을 얼른 종단에서 몰아내야 한다.

제2의 불교정화운동이 절실하다. 일부 타락부패승들이

종단기득권을 장악하고 있다보니 불교가 나락으로 빠져들고 있다.

안영광 색즉시공 공즉시색

세상의 모든것은 변화한다

김기원 노승 설조스님은 이시대 진정한 스승이요. 생불임이 틀림

없습니다.

공숙이 썩어빠진 기독교와 천주교...그리고 정치...

이들은 침묵?!

김홍찬 사람의 생명보다 더 중요한게 또 있던가?

비우라했다 못 비울거면 다…

오시환 죽어가는 한국불교의 마지막 희망입니다.. 이 희망의 불꽃

을 꺼뜨리면 평생 후회할 듯 싶습니다...

김서영 옴 아모가 바이로차나 마하 무드라 마니 파드마 즈바라

프라바를타야 훔 옴 아모가 바이로차나 마하 무드라 마니 파드

마 즈바라 프라바를타야 훔 옴 아모가 바이로차나 마하 무드라

마니 파드마 즈바라 프라바를타야 훔_()_

이성수 서기2500년전에 석가는 한나라의 왕자로 태어나 성인이

됐을때 궁 밖에나갔다가 까마귀가벌레를 먹는것 을보고 힘이쎈

게약한것을먹는걸보고 약육 강식을봤지요—또 생노병사를 깨

우치기위해 수행을 했지많 깨우치지 못하구 열반에 들었다 합

니다 즉 죽었지요— 석가는 이렇게 예언했지요 500년 후에 선

지자가 오시면 나 석가는 기름없는 등불 이라 다라니경 에예언

했지요 즉 석가는 신이 아니지요 사람에 불과한것이지요

손명동 신은 없다

조인태 조계종의 적폐는이미 많은분들이 그문제를 알고있지만

정작본인들은 그문제의 심각성을 모른다는것이 더문제입니다

임일심 스님 마음이 너무 아픕니다

제발 건강하시길 바라는 마음 뿐입니다

장환일 나쁜 조계종 자식들

애꿎은 설조스님 큰일나게됐네

Soungsoo Lee 설조스님 부처가 되실듯 합니다.

이미 죽음을 각오 하신듯;;

정경효 설정 이넘과 그를 따르는 인간들은 조계종을 탈종 하면

간단한데..쯧

진상철 스님 마음이 너무 아픕니다

우리 불교 살려주십시요

양승주 스님 훌륭하십니다 그러나 이더위에 건강은 챙기셔야지요

스님의뜻이 이루어지도록 진정한 마음모아 기도하겠습니다

김치영 일단 단식을 멈추게 해야 하는데...

악귀 땡중들이 꼼짝이나 할까ㅜㅜ

김영준 믿음이란.. 촛불이 밝히는 불빛과 같습니다..

인류의 최고의 가치를 찾아 떠나는 여정이 수행입니다. 종교를 통해서. 경전을 통해서. 수없이 많은 수행인연의 여정을 통해서 말입니다.

김중민 옴 바즈라 사뜨와 훔~~~

옴 바즈라 사뜨와 훔~~~

옴 바즈라 사뜨와 훔~~~

옴 바즈라 구루 뻬메 싯디 훔~

옴 바즈라 구루 뻬메 싯디 훔~

옴 바즈라 구루 뻬메 싯디 훔~

오경섭 해결이 안된다면 불교관련 모든 사무처리를 방해할랍니다...

정치인보다 못한 쓰레기가 되렵니까 ㅜㅜ

강다혜 불보살님

설조스님 살려주세요

제발살려주세요…

첨지 스님의 존재 이유를 묻는 납의에 천근의 무게가 실렸구나.

출가자는 새겨야 할 장경이라.

김영욱 설정스님이 나쁜 게 아닙니다.

불교주변에서 밥빌어 먹는 관변학자들이, 불교기관에서 월급받는 종무원들이, 불교를 자기만족의 도구로 아는 가짜 승려들이, 자신과 가족만을 위해 구복으로 일관하는 몸빼불자들이, 뛰어들지 않고 알음알이로 방관하는 우리들이 저 여자와 돈과 권력을 밝히는 조개종 괴물들을 만들고 있습니다.

이욱환 고쳐야 할 병이 있고 수술해야 할 병이 있는데 중생을 제도

하지는 못할망정 더 썩어가고 있으니 어이 두고만 볼것인가?

장영균 불량한 놈들 듣거라

하나님과 부처님에

가르침이 그러하디?

연소(燃燒)

촛불이 아름다운 건
자신을 스스로 태우기 때문이다
자신을 불태워
어둠 밝히니
참으로 아름답다
남을 불태우는 사람 널려있어
아귀 세상 끝이 없네
위법망구 일념으로 곡기 끊고
서서히 당신 육신 태우시니
노스님에 생각에 눈물 흐르네
저녁노을 찬란하지만
안타까운 슬픔 가눌 수 없네

‒ 2018년 7월 15일,
  우정국 단식장에서 김용배

수유하는 원효사 관세음보살상

종단에 원로는
설조스님 한 분

"아까 한 보살이 묻더라고요. 종단에 원로가 얼마나 되느
냐. 그때 저는 원로스님은 설조스님 한 분밖에 없다고 대답할
수밖에 없었어요."

청화스님의 목소리가 떨리고 있었다. 설조스님 법문에 앞
서 실천승가회 청화스님이 잠시 마이크를 잡았다. 청화스님
은 단식장에서 설조스님과 함께 있었을 때 이야기를 꺼냈다.
종단이 흔들리는데도 원로스님들이 침묵하는 것을 안타까이
여기고 있었다.

"설조스님이 홀로 단식을 하게 놔둔 저 또한 죽은 송장이
지요, 지금 제게 돌을 던지셔도 할 말이 없습니다."

"그래도 스님 같은 분이 계셔서 다행입니다."

청화스님을 익히 아는 몇몇 시위자가 소리쳤다. 청화스님
은 금세 눈시울을 붉혔다.

"현재 이 조계종단은 자정 능력이 없어요. 그나마 종단에
바른 말을 하는, 보이지 않는 스님들과 여러분이 서로 손을

맞잡아야 새로 시작할 수 있습니다. 제가 부탁드리는 말은, 조계종이 새로 태어날 때까지 끊임없는 관심과 힘을 보태주시기 바란다는 겁니다."

청화스님은 읍소하듯 말을 마쳤다.

청화스님은 그 뒤 7월 21일 범불교대회장에서 다시 대중 앞에 선다. 뿌리가 드러난 앙상한 나무는 바람을 이기지 못한다. 여러분은 바람이다. 나무는 반드시 쓰러진다. 끝까지 바람이 되어 달라. 그는 그 자리에서 권승들을 뿌리, 바람을 대중들에 비유했다.

설조스님이 마이크를 건네받았다. 늙은 참나무 같았던 몸이 은사시나무처럼 여위었고, 그 여윈 몸을 감싼 가사와 장삼이 옥수수 껍질처럼 메말라 보였다.

스님은, 경찰들이 뭔가 오해하는 것 같다고 입을 뗐다. 과거 우리 선현이 독립운동에 참여한 것은 일본을 침략하고자 해서가 아니라, 빼앗긴 나라를 되찾고자 했을 뿐이지 않으냐고 하더니, 이내 조계종 얘기를 꺼냈다.

"여기 모인 분들 또한 저 무뢰배들의 노름장소, 저들 은처의 집을 빼앗겠다는 것은 아니잖아요. 단지 유린당한 교권을 회복하고 저들이 점령한 교단을 맑게 씻어내려는 것뿐이지요. 제가 단식을 하는 건 출가본분을 잃지 않고 수행하는 스님을 위함이고, 또 그런 스님 밑에서 재가자들이 초심을 잃지 않고 공부할 수 있도록 하기 위함입니다. 무엇보다 바른 생각을 지닌 사부대중이 교단을 등지는 일이 없어야겠기에 단식하는 겁니다. 제가 특별한 수행자라면 말로써도 얼마든 교단을 정화할 수 있겠지만, 그럴 능력이 없기에 몸이라도 바치겠다는 겁니다."

설조의 단식이 길어지면서 우려하는 소리도 높아지고 있었다. 단식을 중단하라는 소리도 여기저기서 들려온다. 스님은 결코 단식을 멈추지 않으리라 주변에 강조했고, 그 결기는 미디어와 입소문을 통해 우리에게 전해졌다. 7월 14일 단식장에서도 마찬가지였다.

"저는 단식을 계속하겠습니다. 우리의 2세, 3세 후손들이 마르고 닳도록 부처님의 지혜와 자비를 잘 배우고 익혀서 평화로운 삶을 살도록 하기 위함입니다. 여러분 역시 소망을 누그러뜨리지 말고 끝까지 함께 해주시기 바랍니다."

이날 설조스님의 법문을 짧았지만 정의감으로 충만했다. 법문을 마친 스님이 지팡이를 짚고 자리에서 일어났다. 아직은 주변의 부축을 받지 않고 홀로 걸어 다닐 수 있는 상태였다. 사부대중이 스님 곁을 따랐으나 왠지 내 눈엔 혼자서 바닻가를 걷는 사람처럼 고독해 보였다. '종단에 원로는 설조 스님 한 분'이라는 청화스님의 말이 귀를 울렸다. 설조의 흰 어깨에 등대불빛이 어른거렸다. 그는 등대지기였다.

청정이란
무엇인가

내가 어쩌다 '스님 비방'에 멍석을 깔아준 사람이 됐다. 페이스북에 설조스님 단식을 알리면서부터다. 내 글보다는 내 글에 덧붙인 댓글들을 스님이 보고 비위가 상했으리라 짐작한다.

팔로워들의 댓글은 내가 보기에도 지나친 데가 있다. 모조리 사기꾼이거나 협잡꾼들이구나. 아직도 어디선가 술 마시면서 노름에 빠져 있겠지. 자리에서 물러나면 은처한테나 가라. 한심하다. 한국 불교는 희망이 없다. 공중파 방송인 MBC PD수첩에 노출된 스님들의 비행에서 촉발된 의분이 설조스님 단식에 이르러 절정에 이른 느낌이다. 쌍욕도 가끔 끼어든다.

스님들의 행태를 차분히 비판하기엔 작금의 조계종 상황이 너무도 비상식적이어서 그런 글들을 올리겠지만, 단말마적 비분강개는 조계종 비리의 핵심을 감정의 쓰레기통에만 쑤셔 넣는 데 그칠 뿐이다.

내가 페이스북에서 말하고자 하는 것은 조계종 적폐를 구조적으로 따져보자는 것이다. 그럼으로써 우리 불교를 바로 보고자 하는 시선을 다른 사람과 함께 공유하려는, 나로선 다소 과분한 의도를 지녔음을 솔직히 고백한다.

다른 스님들도 내 글이나 팔로워들의 글을 못마땅하게 여긴다는 것을 잘 안다. 댓글을 달아 정면으로 반박하지는 않지만, 속으로 건방지다, 무례하다 욕하거나 팔로워를 끊어버리는 방법으로 대응하리란 것도 물론 안다. 어떤 스님은 다른 경로를 통해서 나를 혼내려고 기도한다는 것도 나는 불교신문을 통해 보았다.

나는 그런 스님에게 전하고 싶다. 출가해서 다른 차원의 정신세계에 살고 있으면서 그만한 일에 분개한다면 저잣거리 사람들과 무엇이 다르겠는가.

페이스북에 가입하고서 스님들이 많은 데 놀랐다. 출세간의 스님들이 페이스북이란 세간에서 과연 무엇을 보고자 하는지 궁금했다. 스님들이 세상 사람들을 가리키는 말인 '속인'이 당신들께 무엇을 기대하는지 알려고 페이스북에 가입한 것인가?

우리가 스님에게 기대하는 것은 설조스님 단식선언 현장에서 본 조계사 소임자 스님 같은 유형이 아님은 분명하다.

이미 사회에서 '갑질'에는 이골이 났으므로 절에서도 똑같은 갑질을 당할 순 없다.

우리는 청정한 스님을 존중하고 따르고자 한다. 청정이란 무엇인가. 반야심경을 보면 '더럽지도 깨끗하지도 않다'란 구절이 나온다. 불교에서의 청정이란 백지처럼 깨끗한 것이라기보다 중도를 의미하는 것은 아닐까. 나는 그렇게 믿고 싶다.

그런데 신도들이 청정하다 여겨 따르는 스님들 대부분이 설조스님의 단식에 침묵하고 있다.

"아이들이 저 캄캄한 바다에 갇혀 있는데!"

지금도 그때와 달라진 게 없어 어디선가 환청이 들려온다.

부처의 깨달음인 중도를 이행하지 않는 스님의 청정은 자기 안위에 가깝다. 잘 아시겠지만, 중도는 팔정도로 실천된다. 그 여덟 가지마다 왜 바를 정(正)이 들었는지 새겨봐야 한다. 정의를 외면하고 신도들을 가르치겠다면 그런 수고는 단호히 마다하겠다.

세상을 가까이 보려 하지 않고, 언제든 낮은 데로 임할 각오가 없는데 뭐 하러 페이스북 같은 저잣거리를 만행하시는지 알 수 없는 스님들이 더러 있다. 스님들이 내 계정에 올라오는 욕설과 조롱을 보고 씁쓸할지 모르겠으되, 침묵만큼 무거운 죄가 어디 있단 말인가.

나는 여야 정치판에 끼어든 적도 없고, 좌우 대립에 해당하는 인사도 아니며, 어떤 면에서는 조계종 개혁이라는 심각한 문제를 논하려 페이스북을 이용하는 사람도 아니다. 내 말이 믿기 어렵다면 내 페이스북 계정 6월 20일 이전을 보시라.

　6월 20일 평소 가까운 스님을 만나러 조계사를 찾은 나는, 설조스님의 단식선언을 계기로 설정 총무원장의 문제를 다시금 생각하게 되었다. 총무원장이라는 조계종의 수장을 둘러싼 학력위조, 은처, 사유재산 보유 등 거짓말 의혹에 당사자가 책임을 지라는 주장이다. 물론 총무원장이 책임을 짊으로써 한국불교를 망친 기득권 스님들도 물러나야 한다.

　불자로서 스님께 불경한 죄 책임을 져야겠지만, 그들이 저지른 개인 비리까지 책임질 수는 없지 않은가.

누가
큰스님일까

　부처의 상좌 마하가섭은 무덤에서 주운 분소의를 걸치고 걸식한 음식만으로 살았다. 언젠가 라즈기르 거리에서 걸식할 때였다. 상처와 고름을 더러운 천으로 가린 한 나병환자가 양지바른 곳에서 밥을 먹고 있었다. 그는 마하가섭을 보고는 동료 의식에선지 자신의 깨진 발우를 내밀었다.

　"이보시오, 이거라도 좀 드시겠소?"

　마하가섭은 그러겠노라고 공손히 합장했다. 나병 환자는 환하게 웃으며 자신의 밥을 한 움큼 집어 마하가섭의 발우에 담아주었다. 그때 시커멓게 썩은 손가락이 음식과 함께 뚝 떨어졌다.

　거리를 벗어나 한적한 우물가에 자리한 마하가섭은 발우에서 손가락을 가려내고 그 밥을 먹었다.

　마하가섭은 인도에서 부처님 못지않은 성자였다. 부처님은 가섭에 대한 신뢰가 두터워 입적하여 관에 든 상태에서도 그가 오기를 기다렸다. 뒤늦게 가섭이 나타나서 슬피 울자 부처님의 발이 철관을 뚫고 밖으로 나온다.

마하(摩訶)는 크다는 뜻이다. 마하가섭은 큰스님의 조상이다. 부잣집 아들이었던 그는 깨달은 바가 있어 평생 쓰레기장에서 주운 헌옷을 기어 입었다. 화장터나 무덤가에 버린 죽은 사람의 옷도 입고 다녔다. 가섭의 옷을 분소의(糞掃衣)라 부른다.

무릇 큰스님이란 마하가섭 같아야 하지 않을까. 나병 환자에게서 얻은 밥과 죽은 사람의 옷을 분별하지 않았고, 모든 대립을 '더럽지도 깨끗하지도 않은' 중도로써 녹여냈다. 그런 그에게 부처님의 마지막 가르침은 삶과 죽음이 다르지 않다는 것이었다. 곽시쌍부(槨示雙趺)이다.

우리나라 불교현대사에서 누구를 큰스님이라 여길 수 있을까. 역시 누더기 옷을 즐겨 입은 성철스님이 생각난다. 오두막에 버금가는 불일암에 머물렀던 법정스님도 떠오른다. 주거와 의복뿐 아니라, 두 스님이 일상에서도 청빈을 덕목으로 삼았다는 건 널리 알려진 이야기다.

두 스님이 떠난 지금 우리에겐 너무나 많은 큰스님이 있다.

총무원장 스님, 종정스님, 원로회의 스님, 방장스님, 조실스님이 대표적인 큰스님이며, 교구 주지스님, 견지동 총무원에서 높은 자리 앉은 소임자 스님…… 현각스님이라는 현자를 먼 나라 독일로 보내고 문경에 국제선센타를 짓겠다는 수좌스님 가운데도 큰스님이 있다. 그뿐 아니다. 어느 말사에서도 누군가 큰스님을 부르니 에헴, 기침하며 수염을 길게 기른 스님이 요사채에서 나오더란다.

그 가운데 어떤 스님은 잠자리 날개와도 같은 고급승복을 입고 날아다니며, 토굴을 아방궁으로 둔갑시켜 호의호식하는 재주가 있다는데 정말일까.

큰스님의 조상인 마하가섭하고는 너무나도 달라, 조상도 후손을 몰라볼 모습들이다.

수좌회에서
왔다

전국선원수좌회 의정스님과 월암스님이 단식 27일째인 7월 16일 설조스님을 방문했다. 설조를 보자마자 그들은 '죄스러운 마음뿐"이라고 했다.

잘 알려진 대로 봉암사가 있는 문경에 '문경세계명상마을'을 조성한다. 의정스님과 월암스님뿐 아니라 우리나라 수좌의 정신적 지주인 정명스님도 7월 12일 기공식에 참가했다.

그러나 설조스가 목숨을 걸고 단식하는데 수자회가 첫삽을 뜨는 퍼포먼스를, 그것도 설정 총무원장이 참여한 가운데 펼치자 사람들은 불편해했다. 간화선 선풍을 북돋을 뿐 아니라, '집도 절도 없는 수좌회 스님을 위한 건립'이란 말도 듣기 거북했다. 설조스님 단식에 뭔가 어깃장을 놓은 것처럼 보였다. 페이스북에서는 수좌회를 비난하는 목소리가 높았다. 스님 없는 절이 부지기수이고 선방이 넘쳐난다는데 왜 절이 없는가. 집이 그리우면 파계하시라.

두 스님은 지난날을 언급했다. 수자회가 자승 전 총무원장의 재임을 반대해서 서울에 올라왔고, 지난해 촛불집회 때도 직선제 개헌 시위에 동참했지만, 다 실패했음을 토로했다. 그렇게 두 번의 실패를 겪다 보니 수좌들이 움직이려 하지 않는다고 했다.

"저희가 당연히 동참해서 청정승가 구현에 앞장 서야 하는데 마음만 있고 뜻이 모이지 않아 늘 죄스러운 마음입니다."

의정스님이 말이 내겐 의외였다. 우리나라 수좌의 정신이 겨우 두 번의 실패로 가라앉았으리라곤 생각지 않았다.

봉암사에서 기백명의 수좌들을 처음 봤을 때였다. 눈처럼 흰 고무신에 먹물옷을 입은, 등이 곳은 그들이 대웅전을 향해 몰려가는데, 걸음걸이나 팔을 휘젓는 모습은 다르지만 모두가 자신감으로 펄펄 넘쳤다. 그때 나는 불교에 입문하기 전이라 그들이 해제를 맞아 선원장 스님의 법문을 들으러 간다는 것을 알지 못했다. 선방에서 갓 나온 그들은 정신의 날을 퍼렇게 세우고 면벽수도했을 때의 기개를 여전히 몸에 지니고 있었다. 생사에 깊이 천착한 사람만이 누리는 환희심을 드러내듯 밝게 빛나는 수좌들의 알머리를 나는 부러워했다. 그런데 지금껏 내가 믿어온 불굴의 수행가풍은 허상이었나.

두 스님이 설조스님을 찾아온 것은 아무래도 계속되는 단식에 가책이나 부담을 느꼈기 때문임이 틀림없다. 두 스님은 거듭 단식중단을 읍소했다.

설조스님은 대중 앞에서 얘기할 때와 변함이 없었다.

"이해합니다. 그러나 저는 저들 권승을 상대로 단식을 하는 것이 아닙니다. 저들은 내가 죽어 나가도 눈 하나 깜빡하지 않을 겁니다. 제 단식은 착한 스님과 재가자들을 움직이기 위함입니다. 이제라도 두 분께서 와주신 것만으로도 너무 감사드립니다."

설조스님의 당부에 의정스님은 난감한 표정을 지었다.

"저희도 스님 말씀에 이견이 없습니다. 그래도 큰스님께서 건강하셔야 끝까지 힘을 받을 수 있습니다."

설조스님은 이에 응답했다.

"제 희생은 괜찮습니다. 희생 없이는 변화가 어렵기 때문입니다."

월암스님은 '부끄럽다'는 말을 반복했다.

"이제 교단도 바닥을 쳤다고 봅니다. 이 교단이 다시 청정하게 변하도록 미력하나마 힘을 보태겠습니다."

설조스님은 고개를 숙여 감사를 표했다.

"교단이 제 몸보다 더욱 위험합니다. 누군가 나서지 않으면 안 되는 상황인데 그래도 두 분이 나서면 보다 많은 대중이 나설 것이고, 그로 인해 교단이 좋아지겠지요."

얘기가 자연스레 승려대회로 이어졌다. 수좌 원인스님이 예고한 '8월 26일 승려대회'에 대한 수좌회 입장에 의정스님과 월암스님은, 수좌뿐 아니라 뜻있는 스님들이 모두 나서 총궐기를 해야 적폐를 청산할 수 있다고 입을 모았다. 그러면서 조계종이 정상적인 종단으로 나아가야 하니 결국은 각계의 스님들이 뜻을 모으리라고 낙관했다.

두 스님이 물러나고 11일 후인 27일 20여명의 수좌들이 설조스님 단식장에 왔다. 그들은 기자들 앞에서 청정교단 수호에 선도적 역할을 하지 못해 부끄러운 마음으로 책임을 통감한다고 했다. 수좌들은 현 총무원장설정스님뿐 아니라 자승 전 총무원장으로 대표되는 기득권 세력을 싸잡아 비난했다.

"지금 이 시간에도 장막 뒤에 숨어서 소위 종권 재창출이라는 비루한 꿈을 꾸는 종단의 실세가 따로 있다. 그들이 구축한 거대한 적폐 카르텔을 무너뜨리지 않고서는 종단 개혁은 요원한 일입니다."

수좌들은 오랜만에 서릿발 같은 발언을 토해냈다. 그들은 승려대회 참여를 선언하고는 곧장 조계사 대웅전으로 향했다.

그때 수좌들이 읽은 '전국선원수좌회 입장문' 전문을 나는 한참이 지나서야 읽어볼 수 있었다. 누가 썼는지 잘 썼다. 신라 최치원은 중국에서 황소의 난이 일어났을 때 토벌대의 한 종사관으로서 '토황소격문'을 썼다. 황제를 자칭한 황소를 꾸짖는 내용인데 문장이 절묘하여 황소가 침상에서 읽다가 굴러 떨어졌다고 한다.

전국선원수좌회 입장문

역사와 전통의 조계종이 누란의 사태에 직면하여 급기야 국민에게 누를 끼치고, 종도들에게 비난받는 천박한 집단으로 전락하고 말았다. 지구의 허파 아마존이 있어 인류가 편히 숨 쉴 수 있듯이, 지상에 맑은 수행공동체가 있어 인간의 삶이 향기로워지는 것이다. 그런데 아마존이 훼손되고, 수행집단이 타락하게 되면 인류의 미래는 어두워지기 마련이다. 조계종도로서 또한 수행납자로서 맑고 향기로운 조계종을 만들지 못한 허물을 불조와 국민 앞에 발로 참회하고자 한다.

아울러 우리는 대한불교조계종이 대한불교자승종이 되어버린 것을 처절하게 반성한다. 먼저 종도 전체가 스스로 막중한 책임을 물어야 한다. 그런 연후에 시급하게 자승사종(邪宗)을 본연의 조계정종(正宗)으로 되돌려 세워야 한다. 지금 전·현직 종단 지도부가 연출하고 있는 막장의 행태는 불교와 종단이 망하든지 말든지 상관없이 자신들의 권력과 이익을 도모하는 철면피의 모사에 불과하다. 이제는 그만 후안무치의 추태를 멈추어야 한다.

누가 종권을 잡고 어느 계파가 이익을 취하든 일반 종도에게는 다만 아수라판의 다툼으로 비칠 뿐이다. 실로 이 종단의 주인은 누구이며, 이 불교의 주체는 누구인가. 지금 이 시간에도 자신의 자리에서 묵묵히 생명의 근원을 궁구하고, 세상의 아픔에 온몸으로 함께하는 이름 없는 다수의 대중이 아니겠는가? 불종자가 주인행세를 방기하고, 파순의 권속이 판을 치는 전도몽상의 파국을 어찌 보고만 있어야 하는가?

불교가 불교다워야 하고 종단이 종단다워야 하는 것이 상식이요, 원칙이요, 정의이다. 상식과 원칙과 정의가 무너져 버린 불교는 불교가 아니요, 종단은 종단이 아니다. 거대한 조계의 선단이 침몰하고 있는데 선수부에서는 움직이지 말고 가만히 있으라고 겁박하고, 종도들은 각자도생의 늪에 빠져 나와는 상관없는 일이라고만 여기고 있다면 이 국면을 누가 감당하여야 하는가. 지금 조계종이라는 집은 일부를 수리하는 정도가 아니라, 집 전체를 다시 지어야 하는 절체절명의 위기에 처해 있다.

지금 우리의 목전에는 어제는 문제없다고 총무원장으로 옹립하였던 세력들이 오늘은 문제 있다고 끌어내리는 자가당착을 연출하고 있으니 내일은 또 무슨 패거리 장난을 도모하는지 아무도 모를 일이다. 그래도 가사를 입은 사문이라면 종단이 이 정도 참담한 지경에 이르게 되면, 어쨌든 내 잘못이라 부끄러워하고 바로 물러나 책임지는 것이 최소한의 양심이 아니겠는가. 잘못은 저들이 하고 부끄러움은 왜 일반 종도들의 몫이어야 하는가. 지금 저자에서는 조계종이 부끄러워서 고개를 들고 다닐 수 없게 되었다.

지금 제도권 밖에서는 당당하게 원장이 물러나라고 외칠 수 있지만, 원장을 적당히 이용하고 폐기처분하려는 적폐의 본령과 그 아류들은 먼저 자신들의 야욕을 참회하고 자숙하는 것이 사람의 도리가 아니겠는가? 이제 상대를 향해 물러나라고 할 것이 아니라, 종단의 책임 있는 전현직 수뇌부들이 모두 즉각 내려놓아야 한다. 그리고 종단사태에 막중한 책임이 있는 종회는 죽각 해산하고 본사 주지들은 책임 있는 행동을 해야 한다. 아무리 제도개혁을 한다 하더라도 혼란

의 주체인 범계자와 범법자들을 청소하지 않고서는 조계종
이 바로 서기는 백년하청(百年河淸)이 될 것이다.

현행 비불교적이고 비민주적인 요소로 이루어진 종헌 종법
과 선거법에 의거해 선출된 총무원이 그 부작용으로 인해
참담한 사태와 총체적 난국을 초래했다. 그렇다면 전 종도
가 동의하는 제도개혁을 통해 종단이 새롭게 태어나야 진정
한 종헌 종법의 질서가 이루어질 수 있다. 어디 한 번 물어
보자. 잘못된 것을 잘못됐다고 말하는 것이 종법 질서의 훼
손이며 해종세력인가?

진실로 이 종단이 아직도 실낱같은 희망이 남아있다면 덕망
있는 장로들이 분연히 일어나 이 법난을 준엄하게 꾸짖고,
전 종도가 함께하여 불조와 인류 앞에 참회하고 종단의 활
로를 고심하는 구종법회(승려대회)를 열어야 하지 않겠는가.

육조 혜능은 생각 일으킴에 흔들림 없음이 앉음(坐)이요, 성
품이 공하여 어지럽지 않음이 선(禪)이라고 설파하였다. 앉
고 일어섬에 자재함이 진정한 선자(禪者)이기에, 언제 어디
서나 깨어있고 열려있음이 살아있는 선(禪)이다. 깨어있어
종단을 개혁하고, 열려있어 세상의 등불이 되어야 한다.

우리 수좌들은 종권과 이익에는 아무런 관심이 없다. 오로지
청정승가 구현과 종단개혁의 완수를 주창할 뿐이다. 종단을

개혁하여 청정승가를 만들고, 종지 종풍에 의해 제대로 된 수행과 교화가 이루어져 향기로운 세상을 만드는 것이 우리의 소원이다. 한 생각에 청정승가를 염원하고 한 걸음에 개혁불사에 동참할 뿐이다.

양심세력과 개혁세력이 종단의 주체가 되어 수행과 교화가 하나 되는 승풍진작의 기초를 마련하기 위해 기꺼이 승려대회를 개최하여 한국불교 백년대계를 수립하여야 한다. 그리고 종단의 구성원인 비구 비구니 청신사 청신녀 등 사부대중이 주체가 되어 불교발전과 사회적 역할을 모색하여야 한다. 특히 미래불교를 예비하기 위해서 비구니 스님들의 위상을 높여 기회균등의 원칙으로 종단의 중심적 역할을 담당하게 하고, 재가불자들이 적극적으로 종단발전에 이바지하기 위하여 획기적으로 종헌종법을 개정하고 활용하여야 할 것이다.

조계종이 개혁될 수 있는 토대가 마련된다면 우리 수좌들은 초연히 산문으로 돌아갈 것이다. 미래지향적 4차 산업혁명 시대를 일깨우는 과감한 제도개혁과 융합적 비전을 통해 조계의 당간을 바로 세우고, 인류에게 행복을 주는 조계종과 한국불교를 만들기 위해 조계종도들은 분연히 궐기하자. 종단이 무너지고 불법의 당간이 흔들리는데 어찌 강 건너 불보듯 할 수 있겠는가? 손에 손을 맞잡고 조계의 종을 다시 울리게 하고자 8월 23일(나중에 태풍 솔릭으로 8월 26일로 연기) 오후 1시에 조계사에서 만나자.

조계사에 모여 승려대회를 통해 국민과 종도에게 고개 숙여 죄송하다고 참회하자. 그리고 엄중한 율장의 정신에 근거하여 자승적폐권력 해체와 종회해산, 한국불교 백년을 준비하는 제도개혁 등을 위한 비상종단개혁위원회를 구성하여 과감한 혁신을 이루어 보자.

우리 납자들은 권력도 재력도 조직도 없다. 다만 '이대로는 안 된다'는 한 생각과 행동하는 몸뚱이 하나로 대응하고 있다. 우리가 대응할 수 있는 것은 오직 대중공의에 의해 개혁을 위한 승려대회 및 범불교도대회 개최뿐이다. 분열과 갈등을 극복하고 1700년 한국불교역사에 가장 장엄한 개혁불사에 흔연히 동참하자. 출가사문은 승려대회 참여로, 재가불자는 불교도대회 참여로 한국불교의 기본 틀을 바꾸어 보자.

세존응화 무술년 8월 16일
전국선원수좌회 일동

최지원의 토황소격문 때문에 황소의 난을 진압할 수 있었다는 말이 나돌았다고 한다. 수좌회의 입장문을 읽고 오랜만에 면도날 같은 수좌의 기운를 느꼈다. 서른 살 때 우연히 봉암사에 가서 보았던 시퍼런 머리, 꼿꼿한 등, 당당한 걸음걸이의 수좌들을 나는 아직도 잊지 못한다.

수좌회의 결기는 빛을 발할까. 의식주준이 높은 재가자들은 터미네이터의 눈으로 그들을 주시하고 있다. 또 기대하고 있다. 아무래도 그 결과는 '8월 26일 승려대회'에서 찾아볼 수 있겠지만, 그 이전에 '전국선원수좌회 입장문' 같은 명문이 나와 주어서 죽은 나무에 꽃이 핀 듯 감사한다.

장님이 장님을
인도하다

수행을 제대로 하지 않는 비구가 타인을 인도하려 한다. 그
들에게는 타인을 인도할 능력이 없음에도 말이다. 그런 비
구로부터 인도를 받은 자들 또한 타인을 인도하려 한다. 타
인을 인도할 능력이 더 없음에도 말이다.

아함경 증지부(增支部)가 전하는 부처의 가르침이다. 타인
을 가르칠 능력도 없음에도 타인을 가르치니, 그에게서 배워
봤자 바르게 배울 리 없다는 뜻이다. 무명의 악순환에 빠져
진리로부터 계속 멀어지니, 말법시대에서 헤어날 길이 없다
는 뜻이기도 하다. 마태복음 15장 14절에도 비슷한 구절이
있다.

만일 장님이 장님을 인도하면 둘 다 구덩이에 빠지리라.

장님이 장님을 인도하는 시대야말로 말법시대의 전형이다.

수행을 제대로 하지 않아 자신조차도 인도하기 어려울 스님이 사찰 신도에게 불법을 얘기한다면 장님을 데려다 코끼리를 만지게 하고 생김새를 묻는 격이다. 코끼리 코를 만진 장님은 절구공이라 하고, 다리를 만진 장님은 기둥, 배를 만진 장님은 솥이라고 할 수밖에 없을 것이다. 불법을 제대로 배우지 못하면 배우지 않으니만 못하기 십상이다.

7월 16일, 조계종 교구본사 중 하나인 용주사 성월주지가 주지 재임을 포기하고 후보직을 전격 사퇴했다. 재임 내내 신도들이 제기한 부패와 은처 의혹을 버텨낸 그가 후보직을 갑작스레 밝혔으니 모두들 그 배경이 궁금했다.

의혹은 두 가지다. 성월스님이 용주사 선거 과정에서 금품을 수수했다 것과 은처와 쌍둥이 아들을 두어 조계종의 종헌·종법인 비구가 아니라는 것이다.

이 의혹은 법정으로 옮겨졌다. 성월스님은 사실을 전면 부인하며 용주사 비상대책위원회를 상대로 명예훼손으로 소송을 걸었다. 이를 수원지방법원 민사부는 반박자료가 부족하다는 이유로 기각했다. 정작 성월스님은 반박 자료를 제시하지 못한 채 침묵으로 일관하고 있다.

비대위 측이 수원지방법원에 제출한 의혹 관련 자료는 성월스님의 고향인 고창군 상하면 검산리 주민의 증언, 은처 심씨의 거주지 주민의 증언이 담긴 진술서와 녹음파일이다. 이 자료는 성월스님이 벽련사 주지를 지낸 1991년 백련사 인근 마을에 살던 심씨(당시 24세)와 관계를 유지하다 그해 10월 일란성 쌍둥이 아들을 낳았으며, 아직 사실혼 관계를 유지하고 있다는 주장이다. 쌍둥이 김씨 형제의 돌림자인 '영'은 성월스님의 본명인 김삼진 가문의 뜻을 이으려 했던 것이라 추측한다. 성월스님과 김씨 형제의 혈액형은 모두 O형이다.

비대위 측이 제출한 자료에는 용주사 부주지인 성무스님과 비대위 소속 성견스님의 녹취파일도 있다. 성무스님은 성견스님과의 전화통화에서 '사실'임을 전제하며 '내가 성월스님이라고 해도 인정하기도 그렇고, 안하기도 그렇다. 각오하고 있다'고 전했다. 이 녹취파일은 MBC PD수첩이 두 번째 내보낸 방송에서 그대로 재생되었다.

MBC PD수첩에 대한 조계종의 대응은 예상대로 종교탄압과 훼불이었다. 성월 용주사 주지에게는 아무런 조사도 착수하지 않았다.

성월스님은 2015년 10월 유전자 검사에 응할 뜻을 비쳤다. 과학적 검사를 비롯해 진실을 규명하기 위한 모든 조사에 적극 협조하겠다. 그러나 지금까지 그 약속은 지켜지지 않고 있다.

　용주사 주지 성월스님은 과연 무슨 생각을 하고 있을까. '할 테면 해보라'는 배짱인가? 조계종이 지켜주니 가만있으면 된다는 믿음인가? 성월스님은 한발 더 나아가 주지 재임에 나섰다가 돌연 후보를 사퇴했다. 그 소식에 용주사 비대위는 세상에서 가장 뻔뻔한 철면피라고 분통을 터뜨렸다. 성월스님의 사퇴로 성법스님이 무투표 당선했다. 성월스님과 한 문중인 성법스님을 비대위 사람들은 '그 밥에 그 나물'이라고 조롱한다.

　우정국 앞에 서 있으면 이른 새벽 첫 버스나 전철에서 내려 조계사로 가는 중년 이상의 불자들을 쉬이 볼 수 있다. 그들은 우정국 앞을 지나 서둘러 걸음을 옮긴다. 우정국 마당에서 한 달 가까이 단식을 하는 노스님은 안중에도 없다는 태도다. 그들 중 힘겹게 걸음을 떼는 노보살을 부축하며 어디를 가시느냐고 슬며시 물어보았다.

　"부처님 뵈러 절에 가는 거지요. 조계사 대웅전에요."

　대관절 어느 절에 부처가 있단 말인가. 유감스럽게도 불자라 자처하는 숱한 사람이 정작 부처의 삶을 알지 못한다. 부처가 태어난 곳이 어딘지, 어떻게 살았는지 모른다. 이 세상을 떠날 때 어떤 모습이었는지 물으면 입을 꼭 봉해버린다. 몰라서 그러는지, 그걸 알아서 뭣에 쓰느냐고 생각하는지 알 수 없는 표정으로 말이다. 내가 알고 있는 불교는 절대자에 의지해 복과 구원을 비는 종교가 아니다. 불교는 사부대중이 대화를 통해 발전해왔다. 공동체에 대한 관심을 타인과 공유하는 수단으로써의 대화이다. 그러나 지금의 불교는 깨달음을 내세워 너무 권위적으로 변했고, 그렇게 변하는 과정에서 기복신앙으로 굳어졌다. 대부분의 기복 신앙자가 생각하는 부처는 불상이다. 다만 불상 앞에서 낮이고 밤이고 절할 뿐이다. 스님들 중에는 '기복신앙'이야말로 1,700년 한국불교를 이끈 힘이라고 단언하는 이도 있다. 불상이 불쌍하다.

지금은 틀리고
그때는 맞다

나는 북촌에 거주한다. 북촌을 거닐면 홍상수 감독의 2011 년 영화 '북촌 방향'이 떠오른다.

저녁 귀갓길에 1994년의 조계종 개혁이 다시금 생각났다. 그때 나는 불교에 관심이 생기기 시작해 드문드문 수유리 소 재 화계사에 다니고 있었다. 화계사 신자들과 뉴스를 통해 소 식은 들었지만, 서울 시내 조계사에서 벌어지는 폭력사태가 낯설기만 했었다.

집에 오자마자 유튜브를 뒤졌다. 지금은 누구보다 그때 상 황을 소상히 알고 있지만, 다시금 생각을 정리하고 싶었다.

그 동영상의 주연공은 당연히 서의현 스님이었다. 그 외에 도 한국 불교의 얼굴이라 할 만한 스님들이 흑백의 동영상 위 에 물처럼 흘러간다.

94년 개혁 관련 책을 뒤져보았다. 세상에 없는 분도 그렇거 니와 지금 활동 중인 중진 이상이 대부분 그 개혁에 개입했던

스님들이다.

당시 개혁회의 스님들 중 대중 앞에 나서서 설조스님을 옹호한 스님은 '원로스님은 설조스님 한 분밖에 없다'라고 밝힌 청화스님밖에 보지 못한 거 같다. 적어도 설조스님 단식법문에 빠지지 않고 참석한 내 눈으로는 그렇게 파악된다. 청화스님은 당시 초심호계원장이었다.

불교계뿐 아니라 전 국민이 들썩한 94년 조계종 개혁의 발단은 서의현 조계종 총무원장의 3선 반대와 상무대 비리였다. 불자라면 그 일을 겪지 않았어도 누구에게 들어서라도 알고 있는 사실이다.

의아한 것은 그때 개혁을 외쳤던 스님들이 침묵한다는 사실이며, 놀라운 것은 그때 쫓겨났을뿐더러 멸빈처분까지 당했던 의현이 며칠 전 호계원의 재심판결을 받아 멸빈 처분 24년 만에 공식적으로 승적복권된 사실이며, 아이러니란 것은 그때 개혁 스님 편에서 개혁회의 법제위원장이라는 직책을 맡아 선두에 섰던 설정스님이 온갖 의혹에 둘러싸여 개혁을 표방하는 사부대중으로부터 사퇴 압박을 받고 있다는 사실이다.

어떻게 이렇게 됐을까? 불교사회정책연구소 법응스님은 이익에 따라 이합집산하는 승가를 이보다 더 잘 보여줄 수는 없다고 비판했다. 불교 역사가 94년 이전으로 퇴보했다. 세상에 개혁을 약속해놓고 저버린 '대국민 사기'라고 개혁회의 스님들을 몰아쳤다. 94년 당시 호계원의 판결에는 하자가 있었으나, 지금의 판결은 종헌 종법에 부합하고 아무런 하자가 없다는 것인가? 법응스님의 어떤 질문에도 조계종은 콘크리트 상자처럼 꿈적하지 않는다. 오히려 서의현 전 조계종 총무원장은 가사까지 수했다. 보통 가사가 아니라, 조계종의 신성을 상징하는 진제 종정이 친히 내린 가사다. 이쯤이면 최첨단 비밀번호로 채워진 판도라 상자라, 뚜껑을 열기조차 그리 간단하지 않아 보인다. 유능한 해결사가 이 문제에 끼어든다 해도, 해답까지는 몰라도 정답은 미궁 속에 꼭꼭 숨어버릴 것 같다. 이거야말로 홍상수 감독의 '지금은 맞고 그때는 틀리다'를 뒤집어 '지금은 틀리고 그때는 맞다'라는 관점에서 생각해봐야 할까?

저는 내일을 생각하지 않고
오늘을 호흡합니다

단식 30일째 이르렀다.

7월 19일이었다. 아침에 메트로불자회 김영만 씨가 가보자고 해서 설조스님을 찾아뵀다. 폭양이 쏟아지고 폭염에 찌든 푸른 천막 속에서 설조스님이 앉아 있는데, 방문하는 사람들이 그칠 새 없었다. 나와 김영만 씨 차례가 돌아와 설조스님에게 삼배했다. 가까이서 본 설조스님의 얼굴은 늙은 주목나무의 뒤틀린 줄기처럼 힘들어 보였다.

"얼마나 힘드십니까. 말씀 많이 하셨을 텐데 저희 그냥 물러납니다."

인사만 드리고 물러서자 설조스님이 살짝 입을 올리는데, 피곤기가 잔뜩 내려앉은 얼굴이라 웃는 거 같지도 않았다. 나중에 단식장을 외호하는 사람한테서 들으니 설조스님은 '누구든지 나를 만나려고 오면 제지하지 마라, 내가 앉아있지 못하면 누워서라도 만나겠다'고 당부했다고 한다.

우리가 뒤로 물러서는데 명진스님이 들어섰다. 그는 일배하고는 거의 얼굴이 닿도록 설조스님께 가까이 다가앉았다. 긴한 말이라도 전하려는가 보았다.

　마당에서 여러 남녀가 촛불에 건전지를 넣거나 부러진 피켓을 손질하고 있다. 한 달째 단식장을 지켜온 사람들이다. 그들은 잘 교육받은 회사 직원처럼 맡은 일에 전념한다. 아무런 대가도 없는 일인데 햇빛처럼, 비처럼 그들은 자연스럽게 일한다. 남을 위해 일한다는 생각조차 그들에겐 없어 보였다.

　한 햇불에 수천 사람이 홰를 가지고 와서 불을 붙여 간다고 해도 그 햇불은 조금도 달라지지 않는다.

　자비란 햇불의 불을 나눠주는 일이라고 부처는 말했다. 내 이익이 줄어드는 일이 아니니 아무리 베풀어도 지나치지 않다. 자비를 베푼 사람에게서 어떤 보상을 받을 수도 있겠지만, 그 이전에 먼저 자신에게 보상받는다. 자비의 수혜자는 결국 자신이다.

　이 자비의 힘 앞에 총무원도 서서히 흔들리기 시작하는 기색이었다. 사퇴할 거다. 절대로 아니다. 일단 사퇴하고 재신임을 묻는 순서를 밟을 게 거의 확실하다. 이런저런 예상이 난무했지만 누구도 설정의 마음속을 들여다볼 수 없거니와,

들여다본들 설정조차 본인의 마음을 알 수 없을지 몰랐다. 설정 주변을 이해관계로 칭칭 얽힌 인물들이 포진하고 있으므로 설정 본인이 원한다고 자진사퇴할 수 있는 상황이 아니라고도 했다.

유례없는 더위에 아스팔트가 녹고 있었다. 100년 만의 더위 앞에 거리는 한산했다. 길을 걸으면 공처럼 튀어 오르는 햇빛에 눈을 맞아 퉁퉁 부어올랐다. 직업 때문에 어쩔 수 없이 거리를 걸어야 하는 사람들이 가로수 아래나 횡단보도 앞에서 쩔쩔매고 있었다. 선진국임을 상징하는 OECD 회원국 중 8위라는 대한민국에는, 냉방기 전기료가 무서워 꺼진 에어컨 옆에서 땀을 뻘뻘 흘리는 사람들이 적지 않다고 한다. 나는 설조스님을 생각했다. 그는 쏟아져 내리는 폭양을 얇은 천막 하나로 버티고 있었다. 그의 목숨을 가까스로 지켜내는 건 물과 소금이다. 그중 소금은 더위를 피할 길 없는 바닷가 폭양 속에서 만들어진다. 나는 인사동 밥집에서 설렁탕에 소금을 치다 말고 생각했다. 어쩌면 올해의 끓는 더위를 설조스님이 불러왔을지도 모르겠구나.

저녁이 와도 물러서지 않은 무더위에 촛불을 든 사람들이 조계사 앞에 몰려들었다. 징 소리와 북소리가 울리면 함성이 뒤를 이었다. 시위자들이 피켓을 들었다 내렸다 할 때마다 나도 따라서 주먹을 들었다 내렸다 했다. 조계사 일주문도 지지 않았다. 여전히 '조계사 성역화불사 기원법회'란 현수막이 바람에 나부끼고, 대형스피커는 천수경의 대다라니를 줄창 쏟아냈다. 그 요란한 소리는 설조스님이 단식법문을 하는 우정국 뒷마당까지 들려왔다.

이날따라 단식중단을 거론하는 사람들이 유난히도 많았다. 설조스님은 고개를 저었다.

"저는 아직도 상당 기간 단식을 견딜 것입니다. 왜 그것을 자신하냐면, 저는 내일을 생각하지 않고 오늘을 호흡합니다."

오늘을 호흡할 뿐이란 말에 나도 사람들도 뭉클해서 한동안 적막이 흘렀다. 대신 조계사 일주문에서 들려오는 스피커 소리가 적막을 채웠다. 설조스님이 그쪽을 쳐다봤다.

"저 사람들 탓만 하지 마십시오. 제가 와서 단식하는 건 저 사람들을 설득하려는 게 아닙니다. 침묵하고 외면하고 심지어는 방조하는 다수 대중에게 경각심을 불러일으키기 위함입니다. 여러분들 보시기에 제 몰골이 여윌 대로 여위고, 피곤할 대로 피곤해 보이기도 하겠지만 저를 걱정할 게 아니라, 전신마비 상태에 빠진 우리 교단을 걱정해야 합니다. 저 사람들은 한국불교의 대표인 조계종을 협잡집단이라 불러도 아무 반응이 없는, 신경이 마비된 사람입니다. 교단이 제 기능을 하도록 여러분들이 부처님께 기도하십시오. 혹여 주변에서 이 혼탁한 상황을 외면하고 방조하는 사람들이 있다면 그들을 깨우쳐서 함께 교단 정화의 길로 나오십시오."

특유의 어눌하면서도 단호한 말투를 쏟아냈다. 그러나 집회자들은 설조스님에게 거듭 당신을 중단해 달라고 요청했다.

"스님, 인제 그만 단식을 중단해주십시오. 지금보다 앞으로가 더 중요합니다. 앞으로도 저희와 함께해주십시오."

누군가 성마른 목소리로 설조스님에게 단식을 호소했다. 설조스님은 그를 쳐다보면서 설득하는 어조로 말했다.

"제 걱정은 하지 마십시오. 저는 아직도 상당기간 버틸 것입니다. 제 곁에 있는 젊은 도반스님들이 기대하는 8월 15일까지는 몰라도 7월 말까지는 잘 견딜 것입니다. 그러니까 제 걱정은 마시고 마비상태에 이른 우리 교단을 걱정하시고 더 분발하시기 바랍니다. 저는 누가 뭐래도 흔들리지 않습니다. 저는 내생에도 이 한국 땅에 태어나 그때에도 조계종단이 바로 서 있지 않으면 교단을 바로 세우려고 노력할 겁니다."

이번에는 사람들이 숙연해졌다. 나는 그때야 우정국 느티나무에 붙은 매미의 울음소리를 들었다. 올여름 들어 처음 매미 울음을 듣는 거 같았다. 매미의 울음소리가 덩치에 비해 큰 것은 몸속이 북처럼 비어있기 때문이란다. 매미가 처절하게 울수록 매미의 몸은 껍질만 남게 되는 셈이다. 매미는 그 울음을 끝으로 한 생을 마감한다. 나는 언젠가 보았던 죽은 매미를 생각해냈다. 매미의 껍질이 바람에 뒹굴었는데 날개가 한 짝만, 그것도 가까스로 붙어 있었다. 그 매미 생각에 갑자기 목이 멘다.

올 것은
온다

　잠이 들래야 잠들 수 없는 열대야였다. 뉴스는 아프리카 대륙보다 우리나라가 더 뜨겁다고 전한다. 밤새워 뒤척이던 나는 정부가 조계종에 지원하는 국고보조금을 다룬 신문기사를 읽었다. 정확히는 '화재예방을 위한 전통사찰방재시스템에 관련한 국고보조금'이었다. 정부와 지자체가 80%를 부담하고, 조계종 산하 사찰에서 20%를 부담하는 조건이었다. 문제는 20%에 해당하는 자기부담금조차 담보하기 어려울 만큼 재정이 열악한 해당 사찰이 사업을 밀어붙인 데 있었다. 사찰방재시스템을 설치한 해당 사찰이 자기부담금을 시공업체에 떠넘기는 방식을 선택한 모양이었다.

　나는 누운 자리에서 일어나 컴퓨터 앞에 앉아 페이스북을 열었다.

　항상 그렇듯 이런 일은 어떤 조짐을 보이는데, 우리는 지금까지 볼 거 못 볼 거 다 보았으므로 이제는 눈에다 붕대를 칭칭 감고 싶을 지경이지요.

정부에서 조계종에 지원한 국고보조금은 잘 쓰이고 있을까요? 그 액수가 수천억이라는 데 말입니다. 그 돈은 물론 우리가 낸 세금이니까 '소임자들'만의 문제는 아니지요.

어느 신문에서 칼날이 조계종을 정조준하는 게 아니냐고 우려하네요. 국고보조금 관리에 허술한 것이 누구의 잘못인지는 지나가는 개를 노리는 개도둑도 알고 있습니다.

지난 10년 '정교결탁'이 '정교분리'의 이름으로 전도돼 조계종 비리를 감춰준 철옹성은 아니었는지요. 그 안에서 종교권력자의 물질만능주의와 독선이 종교적 믿음과 인권을 조롱하고 핍박하진 않았는지요.

어쩔 수 없습니다. 종교가 진실이 아닌 시대에서는 진실이 종교를 감시해야 합니다.

이 정부에서는 꼭! 철옹성을 없애주시길!

다시 신문기사를 읽어본다. 전통사찰방재시스템에 책정된 국고보조금이 무려 2500억 원이란다. 이미 이 돈을 횡령했다는 혐의로 경찰은 50개 사찰을 수사했다. 그중 절반 가까운 사찰의 주지와 사업체를 횡령 의혹과 특정경제가중처벌법 위반 의혹으로 검찰에 송치했다.

도종환 문체부 장관이 설조스님을 면담한 자리에서도 전통사찰방제시스템 애기가 나왔다. 그 자리에서 도 장관도 문제를 시인하고, 혐의가 사실로 드러나면 국비를 전액 환수하고, 조계종에서 정한 특정업체 대신 정부로부터 인증을 받은 업체가 공평하게 입찰해서 문제점을 고쳐나갈 것이라고 공언했다.

조계종에서는 내부 문제는 내부에서 해결할 것을 주장하지만, 돈 문제만큼은 세간법과 출세간법을 초월해야 한다고 나는 생각한다. 돈은 일반인과 종교인을 함께 무력화한다는 사실이 여러 방면에서 충분히 입증됐기 때문이다. 현재 고위 공무원은 재산을 신고해야 한다. 종교인도 계좌를 조사해 재산을 누락했을 때 징계해야 한다. 현재 가톨릭에서는 신부나 수녀가 일정 수준 이상의 수입을 얻으면 교단에서 가져간다. 이 제도를 불교에서 도입해야 한다.

지진은 갑자기 생기지 않는다. 지진이 생기기 전 전조현상이 먼저 생긴다. 개미떼나 들쥐떼가 바삐 이동하거나 심해에 사는 갈치가 갑자기 바다 위로 튀어 오르고, 심지어는 지진 발생 수 킬로미터 안에 있는 식물이 잎사귀를 오그린다는 말이 예부터 들려왔다. 지진이 발생하기 수일, 수개월 또는 수년 전부터 흉흉한 현상이 생긴다는 것이다. 그뿐 아니라 작은 지진은 큰 지진으로 이어지며, 큰 지진은 작은 지인이 누적된 현상이라고도 한다.

사찰방재시스템 국고보조금으로 조계종이 몸살을 앓는 가운데 조계종 사회복지재단 소속 직원이 이월금을 빼돌리는 수법으로 수억 원대의 공금을 횡령했다.

지금 조계종을 덮친 지진은 작은 지진인가, 큰 지진인가? 어떤 지진이건 선한 일은 선한 과보를 받고, 나쁜 일은 악업의 과보를 받아야 한다는 것이 불자들의 생각임은 너무나도 당연하다.

불교와
외부

경기도 남양주시 광릉에 있는 봉선사는 조선의 7대 왕 세조의 원찰이다. 광릉에 묻힌 세조의 사후 안녕을 비는 절인 것이다. 조정은 광릉을 지키려고 산직(山直)이라는 말직을 두어 일반인의 출입을 엄금했다. 산지기라고도 부른 산직은 사하촌에 거주했는데 일이 없을 때는 봉선사에 드나들며 갖은 행패를 부렸다. 산지기조차도 스님을 얕잡아보았으니, 세도가나 유생은 말할 나위도 없었다.

조선의 불교는 이토록 비참했지만 문정왕후가 명종을 섭정했을 때는 달랐다. 불교신자인 그녀가 승과제도를 부활시키면서 조선의 불교는 되살아나는 싶었으나, 그녀의 욕심이 화근이었다. 중종의 셋째 왕비인 문정왕후는 봉은사 주지 보우와 공모하여 첫째 왕비 곁에 있던 중종 능을 선능으릉 옮겼다. 장차 남편인 중종 곁에 묻히려고 그런 억지 계책을 부린 것이었다.

문정왕후는 그러나 남편 곁에 묻히지 못했다. 이장한 중종의 묘에서 물이 나오므로 지관은 서울 북쪽의 태릉을 적지로 지목했다. '암탉이 새벽에 우는 것은 집안의 다함이다' 훗날 명종실록을 편찬한 사관의 평가는 혹독했다. 문정왕후가 죽자 보우는 제주도로 귀양 가서 사약을 받았다.

제주도로 쫓겨나면서 보우는 시를 남겼다.

불교가 쇠퇴한들 이보다 더 하겠나
피눈물 흘러 수건을 적시네
구름 속에 산이 있어도 가는 길 없으니
티끌세상 어느 곳에 이 몸을 맡기리

보우는 문정왕후라는 외부 권력에 업혀 조선불교와 봉은사를 기사회생시켰으나 바로 그 외부가 사라지면서 그의 영화도 땅바닥에 내동댕이쳐졌다.

설조스님 단식장에 오는 외부 인사가 늘어갔다. 조계종 총무원이 가장 민감하게 생각하고 경계하는 단어가 외부이다. 내부 문제는 내부에서 해결하자는 논리로 불교적 방식을 강조할 뿐, 내부 모순이 외부세력을 불러온다는 생각에 미치지 못하는 탓이다.

조계종의 외부 트라우마는 계엄정국이었던 1980년 10월 27일에 벌어진, 이른바 10·27법란에서 극명해진다. 혹자는 당무종(唐武宗, 814년 - 846년)이 사원을 몰수하고 승려를 강제 환속시킨 법난에 그 치욕을 비교한다. M16소총으로 무장한 전두환의 계엄군은 해발고도 1,000m가 넘는 암자까지 통틀어 전 사찰을 덮쳤다. 조계종 분규를 사회정화 차원에서 해결해달라는 스님과 종도들의 진정서에서 촉발한 사건이었다. 합동수사본부로 끌려간 스님들을 무차별 구타해 마치 폭력 청부회사인 양 사표를 받아냈다.

10·27법란의 배경인 종단분규는 지금처럼 종정, 총무원, 종회를 이루는 세력이 조계사와 개운사로 양분된 상태에서 벌인 권력다툼이었다. 얼마나 그 다툼이 치열했으면 2개의 총무원과 2개의 종회가 생기는 파국으로 치달았을까. 두 세력이 벌인 재판도 17차례였으니 그 추태를 짐작할 만하다. 그리하여 지금도 되풀이되는 유력사찰 주지의 이중발령 등 난맥상이 계엄군의 개입을 불러왔다.

그 후, 그 당시 유행한 '정화(淨化)'란 이름 아래 '정화중흥회의'라는 어용단체가 생기면서 총무원과 중앙종회는 해체됐다. 새 종헌·종법에 따라 성철스님이 종정에 오르고, 성수스님이 총무원장에 선출됐다. 나는 우리 불교의 자부심인 성철스님이 문제적 상황에서 등장한 것이 내내 아쉽다.

모로 가도 서울에만 가면 된다. 그리하여 정말 한국불교의 위상이 바로 섰을까. 전혀 아니다. 출범한 지 불과 5개월된 종회가 성수 총무원장을 불신임했다. 총무원장과 사찰문중과의 대립이 점차 심해지더니, 1983년 설악산 신흥사 살인사건이 터진다.

해방 후 한국불교에서 가장 자주 쓴 단어가 정화인데 공교롭게도 전두환의 정화와 일치한다. 정화는 '깨끗하게 한다'는 뜻인데, 종교나 정치를 막론하고 권력자들이 더러운 것을 은폐하는 수단으로 정화를 써먹었다. 더러운 자는 항상 그 더러움으로 남의 더러움을 씻어준다. 전두환이 그 대표적 인물이었다. 나는 조계종 총무원이 주장하는 '내부 문제는 내부에서'가 틀린 말은 아니라고 본다. 정화를 추동하는 힘은 자정(自淨)에 있다고 믿기 때문이다. 도올 김용옥은 우리나라 불교의 불행을 자정의 부재에서 찾아냈다. 늘 타력에 의지해서 정화를 도모했다는 것이다. 그의 말이 옳다. 1994년 조계종 개혁 때 다시 정화를 도모할 수 있었으나, 그 기회를 발로 차버리고 대신 돈을 움켜쥐었다.

그때부터 외부는 단골손님이 되었다.

설조스님 단식뿐 아니라 작년 명진스님 단식 때도 외부인사가 줄을 이었다. 조계종을 늘 불안하게 바라봐선지 자연스레 그들은 찾아왔고, 조계종 문제에 진심으로 관심을 기울이는 모습이었다.

7월 16일, 남평오 국무총리 비서실 민정실장이 찾아왔다. 설조스님은 남 실장에게 일반국민에게 적용하는 공정의 잣대를 종교에도 똑같이 적용해달라고 호소했다. 만일 종교인이 교단의 기본질서를 무너뜨리는 것도 모자라 사회실정법을 어지럽힌다면 이는 마땅히 단속해야 한다는 말을 건넸고, 종교가 치외법권적 성역은 아니지 않으냐고 반문했다.

그 이튿날인 17일에는 시민사회와 종교계 원로 20여 명이 방문했다. 언론인 김종철 외에도 함세웅 신부, 이해동 목사, 이수호 전태일재단 이사장 등 사회 약자들을 찾아다니는 원로인사들이 보였다. 그들은 '설조스님과 뜻을 함께하는 사람들'이란 모임을 즉석에서 만들어 설조스님 단식장 앞에서 기자회견을 열고 '조계종 불법행위와 적폐를 수사하라'고 촉구했다.

이들의 항의는 매우 구체적인 데다 광범위하기까지 했다. 국가예산으로 조계종을 지원하면서 철저하게 관리하고 감독해야 할 책무를 지닌 주무부처 문화체육관광부가 MBC PD수첩을 통해서 생생히 드러난 불교계 불법행위를 침묵으로 일관한다고 비난했다. 명백한 직무유기인 만큼 문화체육관광부 도종환 장관에게 그 책임을 엄중히 묻지 않을 수 없다고도 했다.

이용선 청와대 시민사회수석은 단식 31일째인 20일 설조스님을 찾아왔다. 설조스님이 쓴 편지를 문재인 대통령이 읽었다고 전했다.

"대통령께서 스님의 건강이 매우 위중할 거라고 보고 하루속히 단식을 중단하시고 건강을 회복하셔서 불교계가 바로 서는 것을 보시는 게 낫지 않겠느냐 말씀하셨습니다."

문재인 대통령 역시 단식중단을 요청한 것이었다. 설조스님은 문 대통령의 단식중단 요청을 정중히 거절했다.

"스님의 뜻은 충분히 이해하겠으니 무엇보다 건강과 생명을 먼저 돌보시기를 간곡히 바라는 마음을 전해달라고 대통령께서 말씀하셨습니다."

이용선 수석이 재차 단식중단을 요청했으나 설조스님은 문재인 정부의 공정한 법집행을 당부하는 말로 단식을 중단할 생각이 없음을 비쳤다.

"대통령의 크신 배려의 말씀은 받아들이나 제가 하는 단식은 조금 더 해야 할 것 같습니다. 불교계가 10년 가까이 중병이 들었는데 당사자들은 중병에 걸린 것을 모릅니다. 잘못을 지적하는 사람을 훼불이니 해종이라고 오히려 탄압하는 지경에 이르렀습니다. 저라도 그들을 경책하려고 이렇게 단식 중인 것입니다."

시민연대를 대표해서 면담에 배석한 김영국 씨가 전통사찰방재시스템 사업에서 드러난 국고보조금 횡령과 수사의 미진함을 제기하며, 수사에는 성역이 없어야 하지 않느냐고 했다.

"범법행위가 있다면 법이 정하는 원칙대로 해야겠지요."

이용선 수석은 종교 문제라도 사회법 위반에는 배려가 없다고 했지만, 신중을 기하는 목소리였다.

"불교 내부의 자정과 변화는 내부에서 푸는 게 대원칙입니다."

이용선 수석은 단식장을 방문하기에 앞서 설정 총무원장과도 면담했다. 그 자리에서 설정은, 정부가 불교계 내부 문제에 어느 한 쪽 편을 들어 속단하지 말 것을 요구했다. 어디까지나 조계종 내부 문제임을 강조하면서 외부에 대한 강한 경계를 드러냈다.

7월 27일에는 도종환 문화체육부 장관이 설조스님을 찾아와 단식중단을 요청했다. 스님은 도 장관에게도 종단을 살리기 위해 시작한 단식이므로 근본적인 변화가 있어야만 중단할 수 있으며, '조계종이 실정법을 어긴 부분은 법대로 처리

해달라'고 했다. 도 장관은 먼젓번 이용선 수석과 마찬가지로 정치와 종교가 분리돼 있으므로 종교 내부 문제에는 개입하지 않는 것이 원칙이지만, 실정법을 어긴 부분은 원칙대로 조치할 것이라고 답변했다. 사찰방재시스템 관련 의혹에 대해서도 '검찰 수사가 진행되고 있으니 결과를 지켜봐야 한다'고 원칙론을 고수했다.

예상대도 정교분리는 호두껍질처럼 단단했고, 불교가 그 안에서 누리는 치외법권적 지위는 쉽사리 바뀌지 않을 성싶었다.

그러나 나는 묻고 싶다. 10 · 27법란을 일으킨 불교계 원흉인 전두환을 백담사에서 받아들인 자비를 불교계 누군가 책임져야 하지 않은가. 단도직입적으로 정권을 인수한 노태우와 야합한 불교계 고위층은 누구일까. 자정을 통한 불교계 정화는 불교계에 끊임없이 주어졌지만 번번이 발로 차버린 장본인이야말로 조계종이 아니었나. 조계종은 10 · 27법란을 불러온 대가로 '조계사 성역화불사'를 진행하고 있다. 물론 국가보상금이 공사자금임은 두말할 나위 없다. 불교계 아이러니인 정화의 역사는 아직 끝나지 않았다. 조계종 개혁을 부르짖는 목소리가 점점 높아만 가는 지금, 조계사 일주문에서는 '조계사 성역화불사 기원법회'란 희극이 계속되고 있다. 이 역사적 희극은 누구의 발상일까?

적폐청산시민연대 관계자의
관계자로 추정되는 사람

자정이 가까운 늦은 밤이었다.

누가 7월 10일짜 불교신문을 보라고 한다. 보자마자 나를 지목한 기사임을 알아차렸다. 무려 11일 만의 발견이었다. 인터넷에서 우연히 마주치면 몰라도 불교신문을 찾아서 읽는 독자가 몇이나 될까. 나는 불교신문의 허실을 읽고 싶지 않은 사람의 하나였다.

조계사 스님 한 분이 불교와 승가를 폄훼하고 인신공격성 발언을 한 악의적 댓글을 고소하겠다는 기사였다. 어디를 봐도 그렇게 쓴 글도 흔적도 없는데 그는 그렇게 주장하고 있었다. 댓글 가운데 '땡중', '조폭집단' 같은 심한 표현이 보이긴 했다. 기사에 적힌 대로, 몇몇 댓글 중에는 '비구니들도 꽃뱀이 있다고 합니다', '재색지화(財色之禍)는 심어독사(甚於毒蛇)라 할 정도로 무섭다', '대다수 여자 못된 것들이 출가를 하다 보니 비구니가 더 무섭고 더럽다' 등 지나친 표현이 있긴 했다.

나중에 알고 보니 비구니에 관한 댓글은 일반인이 아니라,

페이스북을 사용하는 스님이 쓴 것이었다. 나는 그들 중 한 분에게 전화해서 사실을 알렸다. 조계종 스님으로 짐작되는 그는 뜻밖에도 나이가 든 스님이었고 당신 말로는 외국을 자주 오간다고 했다. 묘하게도 그 스님은 그 이후 종적을 감췄다. 나머지 한 스님은 신문을 못 보았는지 여전히 심한 댓글을 쓰다가 별안간 계정이 사라졌다.

댓글은 내가 고소를 감수할 만한 상황은 아니었지만, 누군가 내 페이스북 글을 추적하고 있다는 생각이 들자 한밤중에 썩은 바나나를 베어 문 기분이었다. 적폐청산시민연대 관계자와 관련 있는 사람일 것이라며 추정하는 부분이 그랬다. 그 이튿날 나는 잠에서 깨어나 조계사 스님이 나를 언급했으므로 나도 그를 언급하는 글을 써야 공평할 거 같았다. 그는 불교신문이라는 종단 최대의 발행부수를 이용했지만 내게는 일인 미디어라고 부르는 페이스북밖에 없었다. 게다가 누구처럼 페이스북 스타도 아니었다. 그야말로 '고의 전쟁'이었다.

불교신문사 기사를 보니 어느 스님이 저를, 조계사 주변 소요를 주동하는 적폐청산시민연대 관계자와 연계된 사람이라는 투로 언급했던데, 내 페북글 어디에 불교계 비리 문제를 쓴 글이 있답디까? 오히려 우리나라 불교문화를 소개하고 예찬하는 글로 도배해왔습니다.

내가 이런 글을 쓰게 된 건 순전히 6월 20일 조계사 가설무대에서 벌어진 설조스님 단식선언에 앞선 '엎치락뒤치락'을 보고, 25년 불자로 살아온 사람으로서 불편했던 마음을 여기에 적기 시작하면서부터입니다. 25년이란 시간이 내게 그럴 권리를 부여했지요.

저는 여야정치판에 끼어든 적도, 좌우 대립에 관여해 본 적도 없는 그저 그런 백면서생 스타일의 이웃집 아자씨일 뿐입다.

근데, 이제부터 나도 생각을 달리해 적폐청산시민연대란 것을 꿈꿔보겠습니다.

…… 덕분입니다.

2018년 7월 21일

적폐청산시민연대 관계자의 관계자로 추정되는 사람 올림.

그해 여름은
지독히도 뜨거웠네

강원도 홍천이 41도까지 올라갔다. 서울도 40도에 육박했으니, 기상관측을 시작한 이래 가장 더운 날을 기록했다. 거리에서 느끼는 체감 더위는 50도에 가까웠단다.

조계사로 가려고 찻길의 중앙버스정류장에 서 있는데 머리는 물론 발바닥도 뜨거웠다. 태어나서 이렇게 더운 여름은 처음이었다. 훗날 우리나라에서 가장 더웠던 여름을 묻는다면 2018년이라고 대답할 수 있기를 바란다. 더 이상의 더위는 어찌 견딜지 엄두가 나지 않는다.

그러나 참을 수 없는 것을 참는 것이 인욕바라밀(忍辱波羅蜜) 아닌가. 유례없는 염천을 비닐 천막 하나로 버티면서 여든여덟 설조스님은 고난을 이겨내고 있었다.

7월 21일 토요일, 설조스님 단식 32일째 법문은 당신의 과거 문제가 주류였다. 불교신문이 병역 비리와 불국사 주지 시절 비리를 언급했는데, 그 두 가지를 해명하기에 앞서 설조스님은 결연한 목소리로 말했다.

"설조스님을 살려주세요. 문재인 대통령님, 설조스님을 살려주세요. 여러분들이 그러는데, 저는 목숨을 구걸하려고 여기 나온 게 아닙니다. 저를 살리려고 하지 마시고 가사상태에 빠진 교단을 살려야 합니다."

설조스님이 새삼 목숨을 구걸하지 않겠다는 것은 며칠 전 불교신문에 실린 가사를 의식해서였다.

불교신문은 70대 중반이라는 한 원로스님이 조계종에 보내온 공개편지를 인용했다. 태백산 각화사 선원장 노현스님이 보낸 편지였다. '설조스님은 나와 한두 살 차이인 만 76세인데 방송에서 88세로 나와서 깜짝 놀랐다' 불교신문은 그 밖에도 사실에 근거한 것처럼 보이는 정황을 쏟아내고 있었다. 당시 초심호계원 징계결정에 따르면 설조스님은 1942년 강원도 양양에서 태어났다. 속명은 이규성이었다. 1959년 금오스님을 은사로 출가해 사미계를 받았을 때 '월태'라는 법명으로 승적을 취득했다. 그러나 1963년 병역 기피를 목적으로 전북 김제에서 새로운 호적을 취득하고, 실제 나이를 11살이나 앞당겨 1931년 생 '이설조'로 고쳤다. 승적의 법명도 '설조'로 바꾸고, 사미계 수계날짜를 1948년 7월15일 정혜사에서 받은 것으로 위조했다.

불교신문은 설조스님의 불국사 주지로 있을 때를 문제 삼았다. 불국사 주지 시절 분담금 28억 원을 납부하지 않았다. 문화재관람료를 개인명의 통장으로 관리해 1998년 조계종 재심호계원으로부터 제적당했다.

설조스님 단식장에는 '88세 설조스님 단신'이라는 팻말이 내걸려 있다. 세상은 '아흔 살을 내다보는 노스님의 목숨 건 단식'에 떠들썩할 수밖에 없었다. 설조스님을 개혁의 투사나 영웅으로 받드는 분위기도 흐른다. 그런데 설조스님의 실제 나이는 만 76세란 기사는 충격적이지 않을 수 없었다. 페이스북에서 설조스님을 비판해온 몇몇 사람은, 나이가 본질적 문제는 아니지만 팩트와 신뢰에 관한 문제가 아니냐, 남의 도덕성을 비판하면서 자신의 문제는 사소한 것으로 치부한다고 따졌다. 불국사 주지 시절 비리에도 악평들이 쏟아졌다. 설조스님이 기독교계의 사주를 받아 불교를 말아먹을 작정으로 단식카더라, 하는 카더라 통신도 간주곡처럼 들려오기 시작했다.

"토굴에서 수행하다 보니 병역기피자가 돼 있더라고요. 병역기피자로 사는 걸 피하고자 호적을 바꾼 건 사실입니다."

스님은 먼저 호적을 바꾼 사실을 인정하고는 내력을 밝혔다. 오지에 있는 토굴에서 정진하느라 통지서를 받지 못했다.

그 후 병역기피자가 된 사실을 알고 안절부절 했는데, 한 사형이 해결방안이 있다기에 믿고 맡겼다. 그런데 느닷없이 제 호적을 고쳐놓았다.

설조스님은 이미 그 사실을 세상에 알렸다고 했다. 동국학원 감사나 불교방송 이사 선임 때 그 일로 행정소송을 벌였다. 꽤 오래전 일인데 인제 와서 문제 삼는다고 했다.

불국사 주지 시절 분담금 미납 이야기도 꺼냈다.

"제가 불국사 주지로 부임하고서 분담금이 문제된 게 아니라, 그 이전, 그러니까 전임 주지 때 밀린 분담금을 문제 삼은 것입니다. 저를 초심호계원에서 제적했지만 그 이면에 송월주 총무원장 당시의 정치적 문제가 제게 불똥이 튄 것입니다. 혹시나 해서 그 당시 관련 서류를 복사해 세 군데에 나눠 보관하고 있습니다. 공인회계사를 동원해 감사해도 좋습니다. 저는 불국사 역대 어느 주지보다 투명했음을 자부합니다."

설조스님이 목소리를 높였다. 곁에 서 있는 원인스님이 '송월주'란 이름을 언급할 때 '그 말씀은 나중에 하시라'고 만류했으나 흥분한 설조스님을 가라앉히지는 못했다.

여든여덟 설조스님이 한 달 넘어 단식하면서도 여전히 목소리가 쩌렁쩌렁하다고 술렁거리는 소리가 들렸다. 그 자리에 모인 사람들이 한껏 함성을 질러 설조스님의 웅변에 화답

했다. 함성은 설조스님 비리 의혹을 제기한 불교신문을 당장 손으로 구겨버릴 기세였다. 목숨을 건 단식에도 불구하고 이상하리만치 종단의 반향이 크지 않은 까닭이 그의 과거전력 때문이라고 주장한 불교신문 기사와 달리, 조계사 앞에 모인 지지자들은 설조스님을 진정한 개혁의 영웅으로 여기는 데 주저하지 않았다.

조계종을 향한 개혁의 외침은 사상 최고의 더위와 폭염으로 들끓는 아스팔트를 압도했다. 이날은 '범불교도대회'란 이름으로 여러 단체가 참여했는데, 눈에 띄는 것은 불교대학생회였다. 이들은 이날 촛불집회에 참석했다는 이유로 며칠 후 일방적으로 퇴학 조치를 당한다. 공식 문서도 아니고 문자로 퇴학을 알렸고, 해당자뿐 아니라 불교대학생 모두에게 문자를 뿌렸다. 어떤 해명 기회도 주어지지 않았다.

포교사 복을 입고 나온 장덕수 씨도 눈에 띄었다. 포교사인 그는 청와대 경호원으로 근무한 경력이 있다. 그는 촛불법회에 참여함으로써 포교사단으로부터 징계를 당할 수 있었지만, 마이크를 잡고 조계종 집행부를 크게 꾸짖었다.

장덕수 포교사는 다음 촛불법회에는 포교사들이 포교사복을 입고 나올 것이라고 예고하면서 목소리를 높였다.

"포교사 참석하면 징계한다는 데…… 다 징계해라!"

지난 12일, 전국승려대회를 열겠다고 선포한 원인스님도 대중들 앞에 섰다. 원인스님은 작년 촛불법회 때 수좌회를 중심으로 승려대회를 계획했다가 무산된 일을 의식했다.

"일부 수좌들은 지난해 실패했기 때문에 조심할 수밖에 없다고 말합니다. 그러나 그건 실패가 아닙니다. 지난해에 이어 올해에도 승려대회를 추진하고 있을 뿐이지요. 수행자에게 실패란 없습니다."

원인스님은 지금 개혁하지 못하면 조계종은 영영 자정능력이 없는 집단으로 전락하여 쇠멸의 길을 걸을 것이라며 덧붙였다.

"사부대중은 총궐기하여 종단의 백년대계를 완성합시다!"

7월 21일은 아침부터 저녁까지 설조스님 생각으로 머리가 부글거렸다. 어쩌다 내가 설조스님에 단식에 빠져들었을까. 설조스님의 병역비리와 불국사 주지 시절 비리를 기사로 보았을 때 나 또한 그에 대한 믿음이 흔들렸다. 그의 32일째 단식이 진실인지 의심스럽기도 했다. 설조스님은 당신을 둘러싼 의혹을 부인했다. 누가 옳은지 알 수 없다. 나 또한 지금까지 옳고 그름을 분별할 수 없다. 그러나 나는 기억하고 있다. 그는 7월 21일 단식법문에서 '부끄럽다'고 했다. 단식을 선언한 날부터 끊임없이 '죄송하다'고도 했다. 그가 어떤 비리를 저질렀는지 모르겠으되, 그는 분명히 반성하고 있었다. 유대인들이 간음한 여인을 돌로 쳐 죽이려 하자 예수는 '너희들 가운데 죄 없는 자 돌을 던지라'고 했다. 그 말에 아무도 돌을 들지 못했다. 그 순간 돌을 던지려던 사람은 반성했을 것이다. 나는 반성이야말로 인간의 위대함이라고 믿는다. 인간은 누구나 죄를 짓지만, 자신이 지은 죄를 극소수만 깨닫는다. 죄를 깨닫고 반성하는 것은 어디까지나 깨달은 후이다. 깨달음이 반성으로 이어진다는 뜻이다. 반성하지 않는 자 깨달은 자가 아니다. 불교계에는 무수한 사람들이 깨달았으되, 아무도 반성하지 않는다. 그들은 단지 깨달음 장사꾼에 불과하다.

스님 개개인의 반성도 반성이거니와 불교는 역사 앞에 반성해야 한다. 나는 외치고 싶다. 조계종에서 누군가 역사 앞에 반성한다면 기적이 생길지니라.

부처는 천마를 타고 카빌라바투 성벽을 날아올라 출가했다. 나는 설조스님이 1,000일 동안 단식해도 놀랄 일 아니라고 생각한다. 때때로 기적이 일어나는 것은 간절히 진실을 찾고자 하는 사람의 몫이다. 반야심경에서처럼 어떤 걸림도 장애도 없는 상황이 진실 앞에 주어진다.

설조스님의 과거를 굳이 들여다볼 필요가 있을까. 그의 지금에 과거와 미래도 함께 있으므로, 그의 과거와 미래는 지금을 위해서만 존재한다. 나는 촛불집회 현장에서 문득 백제의 미소라 부르는 서산마애삼존불이 떠올랐다. 나는 그걸 보고 글을 쓴 적이 있다.

저녁 무렵 나는 이윽고 다리를 건너 백제의 미소로 알려진 서산마애삼존석불을 친견했다. 가운데 석가부처, 오른쪽에 미륵부처, 왼쪽에 제화갈라보살이 각각 현재와 미래와 과거의 시간을 가리키면서도 하나의 통일된 시간 속에 존재하고 있었다. 돌 속에 새겨진 것은 세 부처뿐 아니라 시간이었다. 몸은 각자였지만 시간이 같으니 세 부처가 한결같이 미소를 머금을 수밖에.

김씨와 전씨 사이에서
낳은 전씨

"자, 입을 벌려봐요. 아니, 그렇게 하지 마시고 혀를 옆으로 돌리시고요."

푸른 고무장갑을 낀 의사가 구강상피세포를 채집하려고 막대를 설정 스님 입에 넣는다. 설정스님은 시키는 대로 혀를 옆으로 만다.

나는 설정스님이 입을 연 채 의사의 지시에 따르는 모습을 상상해봤다. 불자로서 끔찍한 일이었지만 그건 다른 사람들도 마찬가지였으리라. 2016년 8월 7일, 실제로 대한불교조계종 총무원장 설정스님은 서울대학교 의대 법의학 교실에 앉아 있어야만 했다. 의사는 즉시 본명 전득수인 설정스님의 구강 세포를 채집하려고 막대기를 들었다.

하와이 무량사 주지 도현스님이 급히 왔다. 그는 7월 24일 우정국 마당에서 기자회견을 열어 설정스님의 은처자 의혹이 사실이라고 했다. 그는 녹취록을 공개했다.

녹취록 속의 여인은 김씨였다. 김씨는 설정스님과 자신 사이에 낳은 딸이 전씨라고 했다. 세상에 널리 알려지다시피 설정스님의 본명은 '전득수'다.

김씨는 설정스님의 아이를 낳은 건 '성폭행'을 당해서라고 했다. 그것도 두 번이나 당했다고 증언했다. 설정스님은 본인 외에도 다른 여성과도 부적절한 관계를 맺었다고도 했다. 나는 그날 기자회견장에서 증폭기를 통해 흘러나오는 경상도 사투리가 섞인 여인의 증언을 들었다. 이상하게도 그 자리에 모인 사람들의 표정은 '성폭행'이란 단어를 듣고도 무덤덤한 표정이었다. 이미 그 어떤 충격에도 면역이 돼버린 것 같았다.

도현스님은 약 20년 전인 1999년 하와이에서 김씨와의 대화를 녹음했고, 녹음 사실은 아무도 모른다고 했다. 설정 총무원장이 이제라도 은처자 문제를 인정하고 사퇴하기 바라는 마음에서 녹취록을 공개한다고 했다. 그것이 땅에 떨어진 조계종의 위상을 살리는 길이라고 덧붙였다.

도현스님이 공개한 녹취록은 최근 조계종에서 먼저 공개한 김씨의 진술과 정반대여서 다시금 진실공방으로 이어질 전망이다. 조계종은 지난 5월 김씨의 증언이 담긴 영상을 공개하여 전씨가 설정스님의 친자가 아님을 입증하려 했다. 당시 영상에서 김씨는 경북의 한 사찰에 있을 때 피치 못할 사정으로 출산했을 뿐 설정스님과는 무관하다고 고백했다.

유전자 검사 한 번이면 모든 진실이 밝혀진다. 설정스님이 받은 구강상피세포뿐 아니라, 혈액, 모근이 붙어있는 머리카락, 타액, 혈흔, 칫솔, 손톱, 체액이 묻은 옷, 껌, 담배꽁초 등으로도 검사할 수 있다.

그러나 설정스님의 숨겨진 딸로 알려진 전씨는 작년 총무원장 선거가 시작될 무렵 돌연 캐나다로 떠났다. 그리고는 6개월 만에 잠시 입국했다가 다시 대만으로 출국했다. 캐나다에서 무비자로 체류할 수 있는 기간은 6개월. 잠시 귀국한 전씨는 은행계좌에 있던 돈을 모두 인출해서 대만으로 떠난 후 종적을 감췄다. '유럽으로 도피했다'는 말도 들리지만 한마디로 오리무중이다. 설정스님이 아무리 입을 잘 벌려 의사의 채집에 따랐더라도 전씨의 협조 없이 사실 관계를 규명하기란 불가능하다.

이에는 이,
눈에는 눈

나는 아직 보지 못했다. 조계사 일주문에 현수막이 나부끼고 있다고 한다.

'설조 스님 비행은 유튜브를 보면 안다'

도대체 이런 문장을 생각해낸 사람이 누굴까? 그 속악한 창의력에 눈이 아려 차마 현수막을 쳐다볼 수 없을 정도겠다. 의도적인 키치라면 그만한 성공작도 없을 터였다. 분명한 건 누군가 설조스님의 단식에 맞불을 놓고 있다는 사실이다. 이걸 나는 일찌감치 '맞불작전'이라 정의했거니와, 지금은 주류언론에서도 '맞불집회'와 더불어 상용하고 있다.

6월 20일은 설조스님이 조계사에서 단식을 선언한 날이었다. 조계사에 간 나는 일주문에 앉아 천수경을 외우는 신도들을 먼저 보았다. 그들은 플라스틱 의자 위에 가지런히 정렬해서 앉아 있었다. 맨 앞에서는 가사를 수한 젊은 스님 두어 분이 로봇처럼 목탁을 치고 있었던 거 같다. 희한하게도 그들은 대웅전 마당을 향하고 있었다.

학교 다녔을 때가 떠올랐다. 며칠 결석하고서 교실에 가보니 걸상과 의자들의 배치가 달라졌다. 어디 앉아야 할지 몰라 한동안 멀뚱하게 서 있을 수밖에 없다. 법당이 있는데 왜 일주문을 가로막고 앉아서 천수경 다라니를 외우고 또 외우고 있을까. 대형 스피커가 독경소리를 빨아들여 더 큰 소리로 마당에 계속 토해냈고, 나는 교실 자체를 잘 못 찾아낸 느낌에 빠져들었다.

조계사 천수경 소리는 집회 때마다 들려오고, 학생들은 교실에서 애국가 대신 천수경 대다라니를 노래했다.

촛불집회에 참가한 한 사람이 이들에게 어느 절 소속이냐 물으니 뜻밖에도 이들은 화계사 불교대학 학생이라고 대답하더란다. 조계사 찻길에 세운, 이들이 내린 관광버스에도 '화계사 불교대학 1학년 2학년'이라는 알림판이 그대로 붙어 있었다고 한다. 화계사에서 뭐라 지시했는지 모르겠지만, 이들은 그저 천수경만 죽자사자 되뇔 뿐, 별 말도 기척도 없다.

얼마 전 조계사에 가니 새로운 현수막들이 걸려 있었다.

'비구니 스님 능멸하는 적폐시민연대 해산하라'

이 문장은 불교신문사를 통해 어느 스님이 이웃집 아저씨인 나를, 적폐청산시민연대 관계자의 관계자로 추정한 이후에 나온 것으로 보인다. 일주문 앞이 어느 사이비 종교의 안내책자 표지가 연상되는 현수막들로 울긋불긋했다. 갑작스러운 소나기에 대비해서 아크릴 피켓도 등장했다.

'댓글로 스님비방! 너희들이 불자더냐!'

이 문장을 나는 청와대에서 제작한 피켓으로 바꿔 생각하고 쓰게 웃었다.

'댓글로 대통령님 비난, 너희들이 국민이냐!'

속악한 문장과 맞불작전. 도대체 이런 걸 생각해낸 사람이 누굴까? 나는 군대 있을 때 정훈병으로 잠시 활동했다. 그래서 나는 안다. 대개 이런 문장은 한 사람의 머릿속에서 나온다. 그가 직접 쓰지 않았더라도 그의 생각이 문장에 반영된다. 연암 박지원 식으로 표현하면 '꾀 많고 재주 좋은 놈'이 이런 문장을 착안해낸다.

파울 괴벨스. 나치스 정권에서 선전상을 맡았던 인물이다. 그는 상사를 배반하고 히틀러에게 붙어 그 자리에 오를 수 있었다. 무얼 선동하는 일에 관한 한 그는 타의 추종을 불허했고, 히틀러도 미처 생각해내지 못한 악을 창조해냈다. 오로지 한 사람만을 위한 과잉충성에 수많은 독일인이 희생됐다.

그러나 어찌 괴벨스에 비하랴. 대웅전 천수경 부대나 일주문에 붙은 현수막이나 결론은 단 한 가지, 맞불작전이다. '이에는 이, 눈에는 눈'이라고 잘 알려진 이슬람의 코란처럼.

비구니들도
나섰다

7월 24일, 비구니(여성 스님) 150명이 '총무원장 물러나라'
고 성명서를 냈다.

MBC PD수첩이 직지사 법등스님의 성폭행 의혹을 방영했
다. 1990년대 초중반 법등스님에게 성폭행당했다는 비구니
자매를 보도해 세상을 놀라게 했다. 자매는 그 후로 정신과
치료와 처방약에 의존한다고 했다. 법등스님은 해당 의혹을
전면 부인했다.

조계종에는 전국 규모의 비구니회도 있고, 비구니 사찰과
대학이 있지만, 모두 문을 꼭꼭 닫고 못 들은 체했다. 전 세계
를 휩쓴 미투(Me-Too) 열풍도 조계종에만 들어오면 숨을 죽
이는, 그야말로 무풍지대였다.

그랬던 비구니 스님들이 성명을 발표한 것은 그만큼 개혁
요구가 제방으로 퍼져간다는 증거였다. 비구니 스님들은 뜻
을 모았다고 했다. '종단의 상황이 이 지경이 돼서야 목소리
를 내는 것을 종도와 국민들에게 깊이 참회 드린다'며 비구니

들이 용기를 내어 설조스님의 생명과 불교를 살리려 나섰음을 밝혔다.

페이스북에서는 석유연이란 비구니 스님이 비구니의 참종권을 제언했다. 한국불교의 최대 종단인 조계종에서는 행정부 수장이랄 수 있는 비구니 수장이 영영 불가능한 일인지 자문하면서, 그 해답을 찾기 전에 부처님께 먼저 '여성은 남성보다 태어날 때부터 열등한 존재로 규정합니까?'라고 물어보는 게 순서이리라고 했다. 여성이 열등한 존재가 아니라면 우리는 당연히 비구, 비구니에게 평등한 권리를 보장해야 하지 않는가.

1차 성명서에 이어 하루 만인 7월 25일에도 106명의 비구니 스님이 연명으로 '속히 퇴진하라'며 2차 성명을 냈다. 역시 '경각에 달린 설조스님의 목숨을 구해야 한다'는 명분이었다.

석유연 스님의 글을 이어본다. 현재 종헌 · 종법상 총무원장, 교육원장, 포교원장, 호계원장 등의 자격은 모두 비구의 몫이다. 국회에 버금가는 중앙종회 선거권도 그 자격을 비구니에게 마지못해서 몇 석 줄 뿐이다. 비구니는 아무리 법랍이 높고 덕이 있어도 조계종단의 원로가 되지 못하고, 교구 본사 주지도 할 수 없다. 결과적으로 아무런 권한이 없으므로 종단이 위태로울 때 책임지고 나서는 이가 없다. 목마를 때 물을 찾듯이 인원동원으로만 비구니를 이용하는 것은 아닌가.

비구니스님들의 3차 성명은 3월 26일에 나왔다. 이번엔 50명이 연명으로 성명서를 발표했다.

다시 석유연 스님의 글을 이어본다. 언제까지 우리 비구니에게 '시기상조'란 말만 되뇌는가. 율장의 문제라면 불교교리 자체를 적극적으로 해석하여 시대에 맞춰나가야 하고, 능력과 경험의 문제라면 기회를 줘야 한다. 그래야만 비구 중심의 교단에서 비구와 비구니로, 출재가자로 확대될 수 있다. 비구니 스님뿐만 아니라 재가자도 종단의 일원으로서 종단의 운영과 입법에 참여할 수 있고, 재가 여성불자도 재가 남성불자와 마찬가지의 비율로 종무원을 포함하는 모든 직책에 오를 수 있다.

한편, 설조스님의 단식 34일째부터 재가자들도 동조단식에 나섰는데, 설조스님의 단식중단을 호소하기 위한 릴레이 동조단식이었다. 그들 중 대불련 출신 이용성 풍경소리 사무총장을 단식장에서 만났는데, 밤새 꼿꼿한 좌선 자세를 흩뜨리지 않았다.

막장이에요,
막장······.

설조스님이 단식하는 동안 정의당 노회찬 의원이 아파트 창문 바깥으로 몸을 던져 세상을 떠났다. 그가 드루킹에게서 받은 돈은 대가성이 없다는 4,000만 원이었다. 수백억 먹은 놈은 끄떡없는데 고작 외제차 한 대 값도 안 되는 돈에 목숨을 던졌다고 사람들은 혀를 찼다.

나는 노회찬 의원의 빈소를 찾았다. 그가 존경하는 고등학교 선배라서가 아니라 내 신경이 온통 쏠려있다시피 한 불교계 부패와 노회찬 의원이 받았다는 4,000만 원의 무게를 몸으로 느끼고 싶어서였다. 노회찬 의원의 영정 앞에서 나는 세상이 심하게 불공평하다는 걸 새삼 깨달았다.

"막장이에요, 막장······."

그가 청문회에서 한 검사를 야단치면서 꺼낸 말이다. 그 말과 비슷한 패턴을 나는 한 주간지 기사에서 발견한다.

"지옥이에요, 지옥······."

설정 총무원장이 한 기자에서 현재 상황을 '지옥'이라고 표현했단다. 그 말은 믿기로 하자. 그 말은 믿을 수 있는 것이 그가 잔뜩 벽에 밀어붙여진 상황임을 누구라도 눈치채고 있기 때문이다. 스님이라면 열반이나 극락을 꿈꾸며 살 줄 알았는데 그는 왜 저승도 아닌 이생에서 지옥에 갇혔을까. 그가 얼마 전 임명한 성문 총무부장은 하루 만에 자퇴했다. 총무부장은 총무원장 유고 시 그 직을 대항할 수 있는 막중한 직책이다. 유전자 검사가 배제된 총무원장 관련 의혹은, 단지 의혹일 뿐이라고 설정스님을 옹호했던 '교권 자주 및 혁신위원회' 밀운스님도 위원장직에서 갑작스레 물러났다. 진제 종정은 8월 8일, 설정 총무원장의 거취에 대해 '종단 제도권에서 엄중하고도 질서 있는 명예로운 퇴진'을 언급했다. 사실상 조기 퇴진을 지시한 것이었다.

설정 원장은 이에 반발하듯 종정의 교시가 발표된 직후 총무원 집행부 스님에게 일괄 사표 제출을 지시했다. 7월 27일 긴급 기자회견에서 '종도들의 의견을 수용해 조속한 시일 내 진퇴여부를 결정하겠다'고 발표하고, 구체적으로는 '8월 16일 이전 용퇴'로 예상된 상황에서 인사권을 휘두르는 건 누가 보아도 판이 이상해졌다는 뜻이다. 7월 27일 기자회견 직후 설조스님을 찾아가 '마음을 비웠다'고 건넨 말도 믿을 수 없게 됐다.

일부에서는 도현스님의 녹취록 공개로 벼랑 끝에 몰린 그가 전격사퇴하는 것이려니 기대했지만, 설정스님은 한사코 부인했다. 그는 종헌·종법은 종단운영의 근간이자 공동체 구성원들이 지켜야 할 최소한의 공동규범이라고 전제하면서 원칙론에서 물러나지 않았다. 종헌·종법을 부정하고, 갈등과 분규라는 과거의 방식으로 문제를 해결하려 한다면 우리 종단은 종도와 국민에게 신뢰를 잃어 회복불능의 상태에 빠질 것이다.

그러고도 설조스님을 찾아가서는 '마음을 비웠다'고 전했다. 설정이 자리를 뜨자 그 자리에 있던 어떤 기자가 설조스님에게 '마음을 비웠다'는 말은 '물러나겠다'는 뜻으로 이해해도 되겠냐고 물었다. 설조는 고개를 저으며, '그렇게 생각하는 건 그 말을 듣고 싶은 사람의 표현일 것'이라고 대답했다. 덧붙여서 '마음을 비우겠다는 건 거침없이 나아가겠다'는 뜻일 수도 있다고 풀이했다. '종도들의 의견을 수용해 조속한 시일 내 진퇴여부를 결정하겠다'는 말도 '종도의 정의가 무엇인지 모르겠다. 같은 말도 달리 쓰는 사람들이 참 많다'면서, '설정이 말하는 종도가 어떤 부류의 어떤 사람들을 말하는 것인지 잘 모르니 지켜봐야 할 따름'이라며 경계를 늦

추지 않았고, 물론 당신의 단식을 멈추지 않았다. 지금 생각하면 설조스님의 혜안이 정말로 탁월하다!

설정스님이 집행부 스님에게서 게 사표를 받기로 한 것은 전임 자승 총무원장과 인연이 있는 스님들을 친위부대로 교체하려는 의지로 읽혔다. 벽에 내몰렸다가 일격을 날렸다고 보는 것이다. 그런데 그가 임명한 총무부장 성문이 하루 만에 자리를 털고 나가버림으로써 다시 사면초가에 싸였다. 동시에 조계종 사태도 예측 불가능에 빠져버렸다. '지옥'이라는 말은 믿을 수밖에 없다.

설정이 당신의 비리 문제를 제기해온 설조와 개혁 세력만을 견제하다가 어느새 종단의 기득권 세력으로부터도 조기 퇴진의 압박에 시달리는 것은 예상하지 못한 반전이다. 작년 10월 총무원장 선거 때 주류의 전폭적 지원을 받아 압도적 표차로 승리했다는 사실이 꿈같이 느껴진다.

설정스님에게서 '지옥'이란 말은 들은 주간지 기자는 놀라운 사실을 한 가지 밝힌다. 설조스님이 목숨을 걸고 고난의 단식을 이어갔던 지난 7월 말 총무원장 설정스님이 연통을 넣어 명진스님과 강남의 한 호텔에서 마주 앉았다는 사실이다.

두 스님은 '조계종 개혁에 힘을 모으자'는 말에 공감했다고 한다. 명진은 그때 설정 원장이 '속내를 가감 없이 드러냈다'고 한다. 그가 전한 속내란 다름 아닌 기득권 세력이고 그 뒤에 장막을 치고 움직이는 자승 전 총무원장일 것이라고 알 만한 사람들은 입을 모은다.

그러나 두 스님의 대화는 그 이튿날로 무효가 됐다. 설정스님이 갑자기 전화를 걸어와 '어제 나눈 대화는 없던 일로 합시다'라며 일방적으로 전화를 끊었다고 한다.

기자가 밝힌 내용을 보건대 명진스님에게서 들은 얘기임이 틀림없다.

주간지 기자는 천리안을 지닌 듯싶었다. 기득권을 이끄는 자승 전 원장이 현재 종단에 영향력을 행사하는 중앙종회는 물론 원로회의, 포교원장 지홍스님과 교육원장 현응스님이 속한 '금강회', 도법스님, 원행스님, 성우스님이 속한 '송월주사단'과 교류하며, 설정스님 이후를 대비한다는 게 기자의 분석이다.

8월 26일의 전국승려대회는 설정 원장을 둘러싼 종단의 힘겨루기를 제로게임(Zero game)으로 만들어 새판을 짜는 계기가 될까. 유감스럽게도 나는 아니라고 본다. 1994년 전국승려대회는, 4월 13일 새벽 2시 서의현 총무원장이 전격 사퇴를 선언하면서 개혁 세력의 승리로 끝났지만, 이번에는 더욱 긴긴 힘겨루기를 조계사 안팎에서 벌어야 할 것으로 보인다. 벌써 크고 작은 세력들이 꿀벌들처럼 날아다니고 있다.

나는 8월 26일 이후를 생각하다가 나도 몰래 손을 들어 두 눈을 감쌌다. 종단 내외에서 난무하는 결탁과 배신의 '막장 드라마'가 이웃집 아저씨의 눈앞에 예고편처럼 펼쳐졌다.

그런데 더욱 끔찍한 것은 눈앞이 아니라 머리 위였다. 정부 사정당국이 국고보조금 관련 비리를 손금 보듯 내려다보고 있다!

위험한
가계도

　서울 은평구에 있는 진관사의 내력을 보면 불교국가 고려 왕실의 위상을 짐작해볼 수 있다. 진관사를 둘러싸고 치열한 권력다툼이 벌어지니 고려 목종 때 일이다. 목종의 어머니로 오랫동안 섭정해온 천추태후(千秋太后)가 자객을 보내 유일한 왕통인 왕순을 암살하려 했다. 훗날 현종으로 보위에 오르는 왕순은 권력다툼의 칼날을 피해 진관사에 숨어 있었다.

　천추태후는 태조 왕건의 손녀이자 제5대 왕 경종의 비이고, 6대 왕 성종의 동생이고, 7대 왕 목종의 어머니, 8대 왕 현종의 이모이다. 한편 왕순은, 천추태후의 친동생이며 경종의 또 다른 비인 헌정왕후가 숙부인 왕욱과 사통해서 낳은 자식으로, 천추태후의 조카뻘이다.

　어떻게 이런 근친상간의 '위험한 가계도'가 그려질 수 있었을까. 고려를 세운 왕건은 30여 개의 호족의 딸들과 결혼했다. 물론 호족들의 발호를 경계하기 위해서였다. 그러자니 후대에 이를수록 혈육과 권력이 뒤엉겨 이복 남매끼리 혼인하는 일이 생겼다.

고려 초기에는 왕권의 분권주의가 실효를 거두었다. 그러
나 정치란 생물과 같은 것. 개혁을 멈추고 현재에 안주하는 정
치는 부패하기 마련이다. 남편 경종을 잃고 실의에 빠진 천추
태후는 스님인 양 머리를 깎고 왕실을 드나든 김치양을 애인
으로 맞아들인다. 그와 동시에 아들 성종이 승하하자 천추태
후는 목종을 섭정하며 권력의 꽃을 피운다. 천추태후는 거기
에 만족하지 않고 김치양을 불러들여 정치 전면에 나선다. 고
려의 정치는 본격적으로 혼돈에 빠져든다.

고려의 위험한 가계도를 조계종에 대입해보았다. 혈연 대
신 돈을 대입하니 혼돈에 빠진 고려 왕실의 복사판처럼 보인
다. 반승반속(半僧半俗)의 김치양은 누굴까? 조계종의 특정
스님일 수도 있고, 조계종 권력을 분점하는 다수 스님일 수도
있다.

1994년 개혁은 사찰로 유입되는 자본을 주먹구구식으로
나눠먹기하는 분권주의를 낳았다. 재정 통제나 관리 같은 효
율적 경제 논리는 차치하고라도 사찰에 카드 단말기나 현금
영수증 발행기 하나 없이 전근대적 경영을 고수해온 사찰이
부지기수다.

한겨레신문사 출신 김종철 씨가 지적한 대로, 돈을 관리하지 못하는 집단은 성장하기 어렵고 부패할 수밖에 없는데, 돈으로써 인맥이 생기고 돈으로써 친소관계가 생긴다. 다들 돈으로 연줄을 대어 주지, 종회의원, 조실, 방장에 오를 기회만 노린다. 그 자리를 통해 사유재산을 축적한 스님은 권력을 유지하려 사조직을 두고, 그것이 여의치 않은 스님은 사적으로 건네오는 돈에 의지하며 기회를 엿본다. 수행에 뜻을 둔 본사·말사 스님들은 권승들이 구축한 임금 체제 아래 놓이게 된다. 사회와 마찬가지로 빈익빈, 부익부가 대한민국 불교를 양분한다. 김종철 씨는 불교 1700년 역사에서 조계종이 지금처럼 돈과 권력, 모든 것을 가진 적이 없지만, 지금처럼 '최악의 상태'에 빠진 적도 없다고 했다.

가톨릭 해방신학자로 알려진 김근수 씨는 조계종 사태를 보고 페이스북에 썼다.

지금 비난받는 조계종 스님들 대부분 한때 개혁 주체로 활약하던 사람들이다. 옛날 개혁 주체가 이제 개혁 대상이 되었다. 무엇이 변했을까.

1. 권력을 잡기 전 개혁 주체는 권력을 잡은 후 개혁 대상이 된다.

2. 권력을 잡은 사람은 비판을 불쾌하게 여기지 말고 기쁘게 받아들여야 한다.
3. 지지하던 사람이 권력을 잡으면, 지지뿐 아니라 비판을 아끼지 말아야 한다.
4. 정치든 종교든 모든 권력에는 독성이 있으니, 권력을 잡은 사람은 자기비판을 가혹하게 해야 한다.
5. 평범한 우리도 개혁 대상이 될 수 있으니, 자기비판을 생활화해야 한다.
6. 권력을 오래 잡는 사람일수록 독재가 습관화되어 부패하기 쉽다.

천추태후와 김치양은 한 시대를 풍미했으나 문제는 목종이 후사를 두지 못한 데서 생겼다. 목종이 죽는다면 조카뻘인 왕순에게 왕위를 물려줘야 할 판이었다. 천추태후는 그 상황에서 무리수를 두었다. 자신과 김치양 사이에서 태어난 아들을 목종의 뒤에 세우려 했다. 그러자니 왕순을 죽일 도리밖에 없다고 판단했다. 어차피 자기 아들이나 조카나 욕계의 사생아 아닌가.

강조의 정변으로 목종이 폐위되고 조카 왕순이 왕위에 오른다. 김치양은 반란군의 칼에 맞아 살해되고 천추태후는 멀리 유배를 떠난다. 이들이 불행해진 까닭은 당연히 욕계의 주인공인 욕심 때문이다.

설정스님은 당신이 지금 겪는 상황을 '지옥'이라 고백했다. 설정스님을 구석에 몰아넣은 세력은 누굴까? 권력을 분점하는 구조로 짜인 현 중앙종회와 교구본사주지협의회일까? 기득권 세력 위에 안주한 원로회의일까? 모든 세력 가운데 가장 강력하다는, 자승 전 원장이 포진한 '불교광장'일까?

'붓다의 심리학'을 쓴 마크 엡스타인은 티베트 불교에서 흔히 보는 윤회도에 대해 말했다. 지옥도의 관세음보살이 거울을 들고 있는 까닭은, 지옥에 빠진 중생이 자신의 고통스러운 모습을 거울에 비춰 보고, 그 고통의 원인이 자기임을 알아차리라는 암시이다. 모든 고통의 원인이 자기라는 사실을 자각할 때라야 지옥에서 벗어날 수 있다는 것이다.

총무원 유리건물에 갇힌 설정스님이 거울을 바라볼 여유는 없어 보인다. 그를 지옥에 몰아넣은 스님들도 자신들이 몰라서 그렇지 이미 지옥이 따로 없는 상황에 갇혀 있는지도 모른다.

촛불이 점점
커지고 있다

　낮에 설조스님을 다시 찾아뵀다. 텐트에서 나와 우정국 마당을 조금 걷다가 개혁단체에서 매단 울긋불긋한 띠 앞에 멈춰 섰는데, 산사에서 뜨락에 핀 꽃을 바라보는 모습 같았다. 6월 20일 단식을 선언할 때 멀리서 관전자로만 바라보던 그에게 가까이 다가갔다. 그의 눈동자는 띠도 꽃도 아닌 다른 것을 바라보는지 멀고 희미했다. 얼마나 힘드시냐고 인사치레하고는 말을 이었다.

　"제가 어쩌다 설조스님 이야기를 일기처럼 쓰게 됐네요."

　그 일기장이 페이스북이란 말은 연로한 스님에게 밝힐 수 없었다.

　설조스님은 단번에 알아듣는 기색이 아니었지만, 동영상에서 듣던 어눌한 목소리로 말했다.

　"그런가요. 어떻게 쓰셨길래…… 고맙습니다."

　그 순간 초등학교 4학년 때 돌아가신 아버지 생각이 났다. 나이를 따져봐야겠지만 혹여 아버지와 같을 수도 있다는 생각이 들었다.

내가 기억하는 아버지 얼굴은 늘 엄격했지만, 웃을 때 얼굴이 좌악 퍼지면서 단번에 주변을 환하게 하는 마법의 소유자였다. 설조스님에게도 그런 날이 오고, 물론 우리에게도 그런 날이 왔으면 좋으련만.

스마트폰으로 진제 종정 관련 신문기사가 보였다. 신도단체 방문자에게 '종단에서 8월 말에 해결방안이 나올 테니 기다리라'는 말씀이었다. 페이스북에 소식을 전했더니, 8월 말이면 '단식을 60일이나 하라는 말이냐'며 즉각적인 비난이 빗발쳤다. 사람 목숨이 벼랑 끝에 섰는데 태평세월 선문답이시네. 생각을 끊고 결국 원하던 벽돌이 되신 겁니까? 국민과 불자들에게 상처를 주는 벽돌. 그게 돌아다니면 불자들 다 죽습니다.

7월 26일 목요일이었다. 오늘 저녁 촛불집회는 저녁 7시, 경복궁역 3번 출구에서 모이기로 했다. 한눈에 보기에도 6월 28일 목요일 첫 집회를 시작하고서 가장 많은 시위자가 참여했다. 100여 명이었던 숫자가 1,500명으로 확 불어 효자치안센터 앞길을 가득 메웠다.

발언에 나선 김영국 시민연대 상임대표는 문재인 정부의 과제가 적폐청산임을 상기하며, 이제 종교계 차례라고 외쳤다.

　김영국 씨와 허정스님이 참가자를 대표해 5,000여 명의 서명이 담긴 '전 총무원장 자승스님, 현 총무원장 설정스님, 현 교육원장 현응스님 수사 촉구 서명지'를 청와대 관계자 대신 현장에 나온 종로경찰서 연락관에게 전달했다.

　어둠이 내려오고 촛불이 켜지기 시작했다. 지난밤 늦도록 단식장을 지키는 사람들이 건전지를 넣은 촛불이었다. 그들의 이름은 김용배, 김종연, 남인덕, 정경호, 조윤주, 하연자였다. 이 땅의 불교가 말법시대를 맞이할 때마다 백성 · 민초 · 국민의 이름으로 불교를 굳건히 지켜내는 데 힘을 보탠, 눈에 보이지 않는 불교유산들이었다. 시위대는 그들이 준비한 깃발과 피켓을 들고 효자동에서 조계사까지 도보행진을 이어갔다. 포교사 복을 입고 나온 포교사들이 대열을 이끄는 가운데, '설정 퇴진, 자승 구속'의 구호가 거리를 휩쓸었다.

　중앙신도회 건물을 지나 조계사 쪽으로 행진하는데 일주문에서 조계사의 맞불작전이 펼쳐지고 있었다. 천수경 독경에 어울려져 꽹가리, 장구, 북, 징이 각자 소리를 내는데, 이번에는 그 소리들을 비집고 피리소리도 들려왔다. 죽음의 굿판이 따로 없었다.

"농부가 봄에 씨를 뿌릴 때 올해 농사가 어떨지, 가을에 추수가 잘될지 생각하면서 씨를 뿌립니까? 아니죠. 지금까지 해온 일이고, 해야 할 일이니까 씨를 뿌리는 겁니다. 또, 옛날 일제강점기 때 우리 선열이 당신 생전에 나라가 해방되겠거니 생각해서 독립운동을 했을까요? 그것도 아니지요. 그들은 언젠가는 나라가 해방되리라 굳게 믿었던 것입니다. 저와 여러분의 소망인 조계종 개혁도 그와 같습니다."

단식법문을 여는 설조스님의 목소리는 결연했다. 지지자들은 박수와 함께, 여전히 '단식을 중단하시라'고 외쳤다. 박수 소리와 외침이 어둠이 깔린 거리를 흔들고, 거리의 건물들을 세차게 흔들었다. 스님이 단식 중단을 허락할 때까지 물러나지 않을 기세였다. 지지자들은 스님의 법문이 끝난 뒤에도 단식장까지 따라 올라가서 계속 읍소했다. 김형남 변호사를 비롯해 몇 명이 스님 앞에 무릎을 꿇었다.

"간청합니다. 인제 그만 단식을 멈추시고 저희를 이끌어 주십시오. 저희가 개혁하겠습니다."

스님은 텐트 앞에 지팡이를 짚고 앉은 채 묵묵부답이었다. 주목나무처럼 뒤틀린 얼굴에 피곤기마저 잔뜩 내려앉아 있었다.

그 사이 누군가 119에 전화를 걸었는지 구급차가 도착했지만, 설조스님은 끝내 자리에서 일어서지 않았다.

원로스님이
있기는 있나 보다

　청화스님은 종단에 원로스님이 없다고 했지만 7월 27일, 원로의원을 대표해서 저녁 무렵 원행스님이 단식장을 찾아 왔다. 원행스님을 비롯하여 대원, 지성, 정관, 지하, 암도, 종하, 법타, 정련, 보선. 10명의 원로스님이 현 사태를 우려해서 성명서를 내기로 한 모양이었다. 원로회의 스님은 모두 22명이다.

　원행스님은 어색한 얼굴로 설조스님을 대면하면서 원로스님들의 걱정을 전했다. 원행스님은 단식장에서 성명서를 낭독했는데, '현 상황은 사부대중의 공업으로 그 누구도 인과의 책임에서 자유로울 수 없겠으나, 총무원장을 비롯한 3원 집행부와 각급 종단 기구, 중앙종회, 나아가 우리 원로들의 책임이 그 누구보다 무겁고 막중하다'며 자책하는 발언으로 일관했다. 또한 원로회의 소집에 응하지 않는 세민스님에게도 다시금 회의소집을 요구했다.

　원행스님은 '교권 자주 및 혁신위원회' 산하 소위원회인

'의혹 규명 및 해소위원회' 위원장이기도 하다. 그는 8월 14일 설정 총무원장의 친자 의혹에 대해 입장을 발표했다. 그 내용은 애매모호했다. 각종 조사를 했으나 진위를 판단하기에는 매우 어렵다. 그러나 여러 가지 정황상 의혹에서 벗어나는 것도 쉽지 않다.

원행스님은 각종 조사의 내용을 열거했다. 전씨의 친모 김씨가 1999년 법원에 친자확인소송을 제기한 경위를 조사했으나 명확한 답변을 듣지 못했다. 전씨에게 수년 동안 금전을 전달한 사실에 대한 설정 원장의 해명도 부족했다. 특정 매체에서 보도한 친자 의혹을 조사했지만, 친모의 진술영상과 친모가 위원회에 직접 출석해 밝힌 진술, 친모의 기자회견 내용을 종합적으로 검토한 결과 전씨가 총무원장 스님의 친자라는 증거는 확인할 수 없었다. 원행스님은 최종 입장을 표명했다. 총무원장 설정스님이 '유전자검사'를 통해 명명백백하게 의혹을 규명함이 마땅하다.

원행스님은 총무원장 선거 당시부터 논란이 컸던 학력위조, 수덕사 한국고건축박물관 보유에 대해서도 위원회 입장을 밝혔다. 서울대 졸업 위조 의혹은 그 허물을 참회했지만, 도덕성에 대한 사회적 기준에 부합하지 못했다. 고건축박물관을 둘러싼 재산은닉은 총무원장의 형인 정홍수 대목장이 부채를 포함해 수덕사로 양도하는 조건으로 모든 재산을 증여하겠다는 의사를 밝힌 공증서를 확인했으므로 타당성이 모자랐다.

의혹규명위원회 원행 위원장은 7월 25일, MBC PD수첩의 보도 내용에 대해서도 위원회 입장을 밝혔다. 결론을 간추리면 불국사 정혜료가 도박장이었다는 보도는 사실무근이라고 했다. 정혜료는 10평 남짓한 공간으로 도박 장소로는 부적당하다. 부근에 노스님이 10년째 상주하고 있어 PD수첩에서 의혹을 제기한 장주스님 주장은 사실에 부합하지 않는다. 법등스님에게서 성폭행을 당했다는 비구니 자매의 주장도 사실에 부합하지 않는다. 법등스님은 허리 디스크를 앓아 누굴 성폭행할 수 없다. 돈명스님의 해외 원정 도박 의혹도 지난 2014년 검찰 조사에서 '혐의 없음'으로 종결된 사안이다.

진제스님은 종단의 원로스님인 동시에 종단의 최고 지도자이다. 그 진제스님이 8월 8일 설정 총무원장의 거취에 대해 '종단 제도권에서 엄중하고도 질서 있는 명예로운 퇴진'을 표명했다. 사실상 설정 원장의 퇴진을 지시한 것이다. 진제 종정은 '종헌·종법 질서 속에서 선거법에 의해 차기 총무원장을 선출해야 한다'고 말함으로써 후임 총무원장 선거에 대한 지침까지 밝혔다. 종단 외부를 경계하는 동시에 8월 23일로 예정된 '전국승려대회'를 의식한 발언이기도 했다.

설정 총무원장의 거취는 8월 16일 임시 중앙종회와 22일 원로회의를 거치지만, 뜻밖의 결과를 기대하는 사람들은 별로 없다.

아무리 외쳐도
듣지 못하는 자들에게
천둥을 치며
비가 내립니다

– 2018년 7월 28일,
  북촌에서 고원영

경주 남산 신선암의 마애불

마지막
단식법문

부처님이 제자와 함께 있을 때 가난하고 누추한 사람이 곁을 지나갔다. 제자가 '이런 사람에게 어떠한 마음을 먹어야 잘못이 없습니까?'라고 물었다. 부처님은 '나도 한때 저와 같은 사람이었다고 생각하라'고 답했다.

나는 이 대담을 보고 무슨 뜻인지 한참 생각했다. 무엇이든 상대방 입장에서 생각해야 한다는 뜻 같았고, 윤회의 어느 지점에서 내가 저 모습이 아니었을까 생각해보란 뜻 같았다. '의혹 규명 및 해소위원회' 위원장인 원행스님이 '현 상황은 사부대중의 공업으로 그 누구도 인과의 책임에서 자유로울 수 없다'고 표현한 바로 그것으로도 보였다. 그렇다면 지금 조계종에 팽배한 천민자본주의와 집단 이기주의도 상대방 입장에서 생각해야 하고, 더 넓게는 윤회의 어느 지점에 있는 내 모습으로 봐야 하는 것인가. 생각이 여기에 이르니 미로 속에 갇혔거나 구불구불한 나선형 계단을 밟고 끝도 없이 지하세계로 내려가는 느낌에 빠져들었다.

시위대를 따라가면서 나는 저들 기득권 스님들 입장에 서 보았다. 저들 눈으로는 우리가 삼보를 욕하는 광란의 집단으로 보일 수도 있겠다. 자본주의 사회에서 먹고살고자 출가했는데 돈을 포기하고 수행만 하라는 말이 돼?

설정과 설조, 설정과 자승이 만났다가 헤어지고 다시 만나는 관계를 보면 굳이 전생까지 거슬러가지 않아도 사람의 관계 또한 윤회하는 것임을 알 수 있다. 우리는 곧 조계사 일주문 앞에 있는 호법부 스님들, 전경들, 종무원들, 조계사나 봉은사나 화계사에서 동원된 신도들과 윤회의 어느 지점에서 만나고 헤어져야 한다. 놀랍구나. 가까이 가보니 그들이 바로 나 아닌가.

산이 들썩인다. 7월 28일, 보신각 촛불집회에 모인 시위대가 조계사 쪽으로 향할 때 내겐 그런 느낌이 들었다. 그 어느 때보다 사람들이 넘쳤다. 잘 훈련된 노조원들처럼 질서정연했다. 누가 그러는데 80년대 시위문화에 익숙한 세대들이 주도적으로 참여했기 때문이란다. 북소리와 징소리, 함성소리가 조계사 가는 길을 마구 흔들었고, 그 길에 깔린 어둠을 촛불이 태우고 있었다. 조계사 안에 있는 기득권 세력에게 세상이 뒤바뀔지 모른다는 불안감을 조성하기에 이만하면 충분

할 것 같았다. 그 기세에 조계사 일주문에서 들려오는 천수경 다라니 소리와 사물놀이 소리가 파묻힐 정도였다. 저들의 맞불작전이 여느 때와 달리 작고 초라해 보였다.

"제 단식 중단보다 교단이 변해야 합니다. 제가 교단에 전하는 말의 메아리가 크지 않아 여러분들이 이 자리에 모여 고생하고 있습니다. 죄송합니다. 이제 여러분들의 힘으로 교단을 바로 세워야 합니다."

설조의 단식법문이 방송차의 대형화면으로 중계됐다. 단식 39일째였다. 대형화면에 사람들이 눈길이 쏠렸다.

설조의 39일째 단식 법문은 39일 전, 단식선언을 할 때와 별 달라진 게 없었다. 저기 저, 조계종 스님들보다는 실망과 비탄을 넘어 무관심, 무기력에 빠진 재가자를 일깨워 다시금 교단의 현실을 바로 보게 하겠다는 것. 그리하여 조계종을 바꿔야 한다는 것이었다.

시위자들의 관심은 그보다는 설조스님 단식중단에 있었다. 설정 원장이 7월 27일 긴급 기자회견에서 '종도들의 의견을 수용해 조속한 시일 내 진퇴여부를 결정하겠다'고 발표한 것을 성급한 시위자들은 용퇴로 해석했다. '8월 16일 이전 용퇴'가 그렇게 되기를 바라는 교구본사주지협의회의 희망사항이란 것은 염두에 두지 않았다. 시민연대 주도자들도 단식

설조스님의 마지막 단식법문.
사부대중은 이제 그만 단식을 멈춰달라고 간절히 읍소했다.

중단으로 의견을 모은 듯했다. 지난 목요일 구급차를 부른 것도 우발적으로 보기는 어려웠다.

설조스님이 단식법문을 마치고 단식장으로 들어가자 먼저처럼 지지자들이 우정국 계단을 밟고 따라 올라갔다. 모두가 단식 중단을 읍소했지만 설조는 여전히 완강했다. 당신께서 지으신 원죄가 크므로 교단이 변할 때까지 그럴 수 없다는 것이었다.

포교사들이 이십 명 남짓 설조스님 앞에 무릎을 꿇었다.

"인제 그만 단식을 멈춰주십시오. 스님이 살아 계셔야 개혁이 이루어집니다."

포교사 장덕수 씨의 목소리에 울음이 가득했다. 설조는 텐트 앞에 지팡이를 짚고 앉은 채 묵묵부답이었다.

단식이
끝나다

   나는 설조스님이 단식을 중단하는 모습을 보지 못했다. 마포에서 후배와 점심을 먹다 단식을 중단하리란 급보를 듣고 서둘러 단식 장소로 왔으나 구급차가 면목동 녹색병원으로 떠난 뒤였다.

   설조스님을 밤낮으로 지키는 사람 얘기를 들으니 평소처럼 방문객을 맞이하고 있다가 갑자기 고개를 뚝 떨어뜨리더라 했다. 설조는 이날 아침에 자리에서 곧바로 일어나지 못하고 전에 없이 편찮은 기색을 보였다. 오후 3시 주치의 이보라 씨가 와서 검진하니, 체중이 너무 줄고 혈압이 극도로 떨어진 상태였다. 설조스님은 이보라 씨의 단식중단을 내내 마다하다가 오후 3시 30분 입을 마스크로 가린 채 들것에 실려 나왔다. 들것이 구급차 뒷문으로 들어가자 구급차는 사이렌을 울리며 서울 중랑구 면목동 녹색병원으로 향했다. 7월 30일, 41일간 목숨을 건 설조스님의 단식은 기력의 한계와 사부대중의 눈물 어린 호소로 끝이 났다.

나중에 원인스님에게서 들으니 설조스님을 그대로 내버려 두는 것은 불제자로서 생명을 방치할 수 없었기 때문이라고 했다. 삶과 죽음의 경계에서 어떤 변곡점이 그려진 셈이고, 구체적으로는 설조스님과 측근 사이에 오간 어떤 묵계를 생각해볼 수도 있다. 설조스님이 단식장을 떠나기 앞서 남긴 메시지로도 그 정황을 추측할 수 있다. 선량한 다수 스님이 일어나 종단을 바로잡아야 합니다. 단식을 하면서 재가자들에게 교단을 바로 세우자고 외쳤던 것이 가장 보람 있었습니다. 앞으로도 청정 승가를 이루도록 노력해 주십시오.

이보라 씨는 적지 않은 단식자를 경험했지만 설조스님처럼 단단한 각오는 처음이라고 했다. 단식하다 죽는 사람을 책에서는 봤는데 처음 보게 되는지 당황스러웠다. 그런 스님을 이보라 씨는 사실상 연명치료를 거부한 것으로 얘기했다. 설조스님이 대중들 앞에서 변호사를 불러 사후 문제를 논의했다고도 밝혀 긴장감을 더하기도 했다.

올여름은 유례없이 뜨거웠다. 100년 만의 더위를 비닐 텐트한 장과 물과 소금만으로 버틴 설조스님도 그렇거니와, 그 죽음도 불사한 단식을 비웃어 넘기는 조계종의 기득권층 세력이 '국민 이기는 정부 없는', 이 촛불민주화 시대에 존재한다는 사실도 날씨 못지않은 뜨거움이었다. 그 뜨거움을 벗어나려고 멀

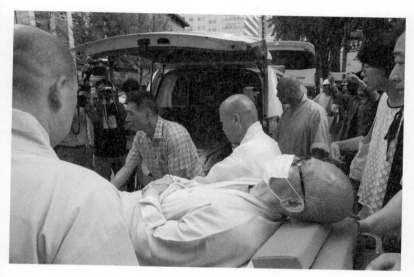

단식을 마치고 녹색병원으로 이송되는 설조스님

리 피서라도 가버린 양 침묵하는 승려들도 있었다. 나만 그런지 모르겠으되, 그들을 생각하면 1994년의 내로라하는 개혁 세력이 먼저 떠오른다. 이어서 책이나 방송을 통해 유명해진 소위 스타스님도 떠오른다. 그들 중 어떤 이는 침묵을 참회로 표현하는 언어유희로 현실을 모면하는 것도 보았다. 이를 보고 다수 국민은 군사독재 시절의 악몽에서 아직 깨어나지 못한 느낌이거나 그 이전 일제 암흑기를 떠올리기도 했을 것이다. 일본 군국주의와 친일파, 군사독재체재와 그에 기생해서 먹고사는 기득권 세력, 침묵으로 일관한 지식인들이 그들이다. 한국불교는 옛날 영화를 보러 가는 사람들을 위해 존재하고 있었다.

설조가 41일의 단식을 통해 남긴 것은 무엇일까. 그의 단식이 유독 파장이 컸던 건, 1994년 불교개혁의 실체를 밝힐, 살아있는 그 당시 최고 책임자였기 때문이다. 그는 '원죄를 지었다'고 표현했다. 지금 불교계가 짓고 있는 죄의 근원을 개혁 당시 재정 투명화에 실패했기 때문이라고 진단했고, 그 이야기를 사부대중에게 숨김없이 알렸다. 설조스님처럼 사실 그대로를 이야기할 수 있는 용기를 사회에서는 양심이라 부르고, 불교에서는 정견이라고 부른다. 설조는 돈과 권력과 집단 이기주의에 얽혀 있는 똥 덩어리 같은 불교계를 지팡이로 쑤셔 '있는 그대로'를 보게 했다.

그러면서 끊임없이 '죄송합니다'란 말로 잘못을 빌었다. 나는 한국불교 현대사와 함께해온 대중들이 가장 듣고 싶어 하는 말이 스님의 사과, 바로 이 '죄송합니다'란 말이라고 생각한다. 특히 1994년 재가자와의 약속을 헌신짝처럼 내버린 후에는 더할 나위도 없다. 조계종은, 전두환 신군부가 1980년 불교를 유린한 사태를 법난이라 부르면서 가장 어려웠던 시기라고 하지만, 스님들 내부에서 물고 물리면서 접전이 벌어지는 최근 사태는 승난(僧難)에 가깝다. 스님들의 싸움이 법난을 능가한다는 게 불교계 바닥 민심이니 그 후유증은 또한 법난을 능가할 것이다.

사정이 이러하니, 고양이처럼 몰래 절에 다니듯 하는 사람이 적지 않다. 그러면서 '절에 부처님 보러 가지 스님 보러 가냐'고 위안하지만, 절에 있는 불상이 입을 열어 불법을 전할 리 없다. 이 모든 것이 돈만 밝히는, 있으나 마나 한 스님들 탓이다. 절이 세상의 조롱거리가 된 지 오래전이고 불자로서의 자긍심은 땅에 떨어졌다.

"죄송합니다, 죄송합니다……."

불자들은 이 말만으로도 감동했다. 그중에는 스님의 사과를 처음 듣는 사람도 있을지 모른다. 우리나라 불교 역사는 1,700년에 이른다. 까마득한 날까지는 모르겠으되, 적어도 불교 현대사로 지칭되는 시기에 스님들이 저지른 온갖 잘못을 종단 차원에서 공식적으로 사과할 때 비로소 불교 개혁의 새 날이 열리라고 나는 믿는다.

거대한
회전문

춘천 청평사에 가면 회전문이 있다. 처음 청평사에 들어섰을 때 나는 이 문을 찾으려 두리번거렸다. 어디를 보아도 둥글게 생긴 문을 찾을 수 없었다. 청평사 종무소에 물어보고서야 나는 청평사 회전문이 사천왕문의 다른 이름인 걸 알았다. 회전문이라 해서 수레바퀴처럼 돌아가는 문을 생각했던 게 불찰이었다. 청평사 회전문은 청평사에 얽힌 전설과 더불어 윤회가 무엇인지 생각해보란 뜻을 담은 문이었다.

회전문의 유례를 알아선지 회전문을 드나들 때 삶과 죽음의 경계가 녹슨 경첩처럼 삐긋이 돌아가는 것 같았다.

우리 삶은 어떠한가. 눈에 보이는 것에 끄달려 둥글거나 네모진 것으로 세상을 본다. 눈앞의 이익에 급급하니 어제의 동지가 오늘의 적이 된다. 불교계는 정치 셈법만이 통하는 정치판으로 전락한 지 오래다.

총무원장 설정스님은 8월 13일 '종단 개혁의 초석만은 마런하고, 2018년 12월 31일 총무원장직을 사퇴할 것'이라고 밝혔다. 그러기까지 혁신위원회를 새롭게 발족해 종단개혁에 앞장설 것을 약속했다.

설정 원장이 내세운 개혁은 놀랍게도 개혁 세력의 개혁안을 베낀 것처럼 똑같았다. 그는 개혁 세력의 목적인 직선제를 수용할 뜻을 비쳤다.

종단의 안정을 위해 용퇴하고자 했으나, '종단 내부의 뿌리 깊은 기득권 세력에 의해 은밀하고도 조직적으로 조정되는 상황을 목도하면서 사퇴만이 종단을 위한 길이 아님을 깨닫게 됐다'라고 번복 이유를 밝혔다.

설정이 지목한 기득권 세력은 7월 27일 설조스님 단식장에서 수좌들이 성명서에서 암시한 '지금 이 시간에도 장막 뒤에 숨어서 소위 종권 재창출이라는 비루한 꿈을 도모하고 있는 종단 실세'였다. 눈치가 빠르지 않더라도 자승 전 총무원장 세력인 중앙종회와 본사주지협의회를 겨냥한 발언임을 알 수 있다.

자승 측은 일제히 반격에 나섰고, 8월 16일 임시 중앙종회에서 찬성 56표, 반대 14표, 기권 4표, 무효 1표로 총무원장 '불신임 결의의 건'을 가결했다. 자승스님은 백담사 무문관을 나오면서 '은퇴 이후를 생각했는데 그것마저도 부질없더라'라고 얘기했다. 그 말이 빈산에 메아리쳤다.

불신임 안이 가결되는 과정에서 반전을 노리는 설정의 노력은 실로 눈물겨웠다. 설정은 인사권을 행사해 총무부장 자리에 성문스님을 임명했다. 성문은 하루 만에 자퇴했다. 개혁을 내세운 설정이 94년 개혁 때 서의현 전 총무원장 측근에서 개혁을 적극적으로 반대했던 인물인 성문을 총무부장에 임명한 것은 위기를 그때그때 모면하려는 꼼수라고 시민연대는 평가한다. 현고스님도 물망에 올랐으나 수락을 거부했다. 설정은 임시 중앙종회 개최 1시간 전에 진우스님을 총무부장에 올려 끝까지 자승 측에 저항했다.

지난해 총무원장 선거 때만 해도 종권 재창출의 동반자였던 설정과 자승은 왜 돌아오지 않는 강을 건너게 됐을까? 무엇보다 자승 측이 꼬리를 잘라야만 살 수 있다고 생각했기 때문이라는 게 중론이다. 설조스님의 단식으로 불자는 물론 민심까지 흔들리자 꼬리를 자르지 않으면 공멸한다는 위기의식이 번졌다는 것이다. 사정당국에서 조치할지 모른다는 생각도 한몫 거들었으리라 짐작한다.

자승 측이 말썽 많은 설정을 정리하려는 뜻은 설조스님에게도 전해왔다. 단식선언을 하기 전인 6월과 7월 중순에 원학스님과 현진스님이 찾아왔다. 자승과 힘을 합쳐 설정을 내치자는 용건이었다. 설조는 두 번 모두 거절했다. 자승과 설정, 둘 다 적주비구인데, 작은 도둑을 몰아내려고 큰 도둑을 야합 하는 일은 명분에 맞지 않는다고 말했다. 설조스님은 그 일을 돌아보며 단식장을 지키는 사람들에게 당부했다.

"수도 딸리고, 돈도 조직도 딸리는데 명분까지 잃으면 무슨 수로 선량한 대중을 설득하고, 그 사람들의 도움을 받을 수 있겠습니까. 명분이 없으면 공감을 얻을 수 없습니다."

스님은 적주 일당과 야합하면 '장사꾼'이지 명분을 지닌 개혁가가 아니라고 했다.

"앞으로 제가 더 어렵고 외로워도 좋습니다. 이 자리에 계 신 분들이 명분으로 무장해 전열을 가다듬으시길 바랍니다. 수가 적어도 명분이 있으면 살길이 열립니다. 무엇보다 부처 님의 가호가 있습니다."

설조가 이 말을 전한 날은 7월 25일이었다. 개혁 세력이 어 떻게 거대 기득권 세력에 저항해야 하는지 해법을 전해준 것 이라고도 할 수 있다.

설조를 찾아온 두 스님이 표현했듯이 자승 전 총무원장에 게는 역시 힘이 있었다. 자승 측이 원한 대로 임시중앙종회에 서 불신임 안을 가결했고, 원로회에서는 그것을 인준했다.

설정은 자신의 탄핵을 받아들이지 않았다. 총무부장을 다시 선임할 의사를 표명했으나 총무원 직원들이 거세게 반발했고, 들리는 소문으로는 문중의 상좌들까지 총무부장 인선을 만류했다고 한다.

8월 21일, 설정스님은 마침내 총무원을 뒤로하고 수덕사로 돌아갔다.

정치 셈법으로 이 사태를 파악하는 사람들은 복기한다. 설정의 사퇴는 설조의 단식투쟁을 앞세운 개혁 세력의 요구인데, 또 다른 개혁 대상인 자승 전 총무원장 세력이 선수를 쳐버렸다. 중앙종회와 원로회의에 걸쳐있는 영향력으로 설정을 탄핵했으니, 이번에 또 자승 세력이 승리했다고 단정해도 무리는 아니다.

과연 그럴까. 적폐(積弊)란 오랫동안 쌓이고 쌓인 폐단이다. 이를 청산하려면 그에 못지 않은 끈질긴 노력과 전방위적인 개조가 필요하다. 설조스님은 단식장에서 기득권 세력의 벽이 두껍다고 우려하는 사람에게 말했다. 악이 계속 승리할 거 같아도 선한 마음을 이길 순 없어요. 불자는 '장사꾼'이 아닙니다. 일이 '성사되고 안 되고'에 관계없이 옳은 주장을 하고, 옳은 주장이 관철될 때까지 계속 정진해야 합니다.

분노하라. 나치에 저항하여 레지스탕스 운동을 펼친 노익장 스테판 에쎌에게는 어떤 정치셈법도 필요하지 않았다. 오로지 용기와 희망만을 전 세계 억압받는 사람들에게 전했다. 개혁 운동에 나선 이들이 적폐청산을 기치를 내세우고도 적폐를 타파할 장기전을 각오하지 않았다면 전쟁터에서 길을 잃은 병사일 뿐이라고 나는 생각한다.

　기득권 세력에겐 이제 새로운 총무원장을 옹립하는 순서가 남았다. 주간지 기자가 쓰기를, 새 총무원장 후보를 물색하려 1994년 개혁 종단에서 총무원장을 지낸 송월주 스님 측과도 물밑 접촉을 꾀하고 있단다. 월주 또한 설조가 적주비구로 지목한 스님이니 거대한 회전문을 따라 불교계를 돌고 도는 느낌이다.

설조스님과의
대화

아아침저녁으로 찬 바람 분다. 더 시원해지면 올여름 더위를 잠자리 떼 사라진 가을하늘처럼 올려다보려나. 한국인의 기억을 제아무리 끓는 냄비에 비유해도 올여름 더위는 쉽사리 잊지 못할 거 같다. 거리를 텅텅 비워버린 땡볕 때문만은 아니다. 지팡이를 짚고 다니는 한 노승이 비닐 천막 하나로 염천을 버텨내며 누구보다 길고 뜨거운 여름을 보내지 않았던가.

그러나 정작 당신은 눈을 뜨면 저녁이라고 했고, 땅속에 드러누운 듯 서늘한 느낌이 들었을지도 모른다. 죽기로 작정하니 하루가 짧았고 뜨거움마저 서늘했다.

올여름 더위는 몰라도 설조스님의 단식만큼은 오래 기억해주었으면 좋겠다. 그는 속죄하는 마음으로 밥을 굶었다. 부처님처럼 설법으로 세상을 바꿀 능력이 못 되니 몸이라도 바쳐 조계종단을 변화시키려 했다. 그렇게 치열했던 그를 오래 기억해야 한국불교가 되살아나리라고 나는 믿는다.

녹색병원에 입원 중인 설조스님을 찾아뵀다. 혼자서는 어색해 전 수도암 선원장 원인스님과 함께했다. 이웃집 아저씨인 내가 무슨 수로 불교계 원로스님의 법담을 구하리. 기실, 설조스님과의 대담은 8월 18일 원인스님의 주선으로 이루어졌다.

고원영 "부처님이 세상에서 행한 가장 위대한 업적은 뭐라 생각하십니까?"

설조스님 "부처님은 어리석고 불쌍한 사람에게 지혜를 가르쳐서 세상 사는 법을 알려주고, 자비를 가르쳐서 세상이 두루 행복하게 사는 법을 알려줬지요. 부처님은 부자와 권력자, 가난한 사람과 여성, 천민이 모두 평등함을 일깨워주셨어요. 부처님은 아마도 인류 최초의 평등주의자이며 민주주의자일 겁니다. 부처님은 여성도 성직자가 될 수 있도록 인류 최초로 길을 열어주셨잖아요. 부처님에게 민족이나 국가의 벽 같은 건 없었답니다."

고원영 "불교는 모든 걸 왜 괴로움으로 인식할까요? 불교신자도, 불교신자가 아닌 사람도 이것을 가장 궁금하게 여기기에 묻습니다."

설조스님 "이 세상에 인간으로 태어나 죽을 때까지 겪어야 할 일에 즐거움보다는 괴로움이 훨씬 많아서겠지요. 인간에게 죽음은 피할 수 없는 운명이므로 죽음을 인식한다는 자체가 고통일 수밖에 없지요. 그래서 부처님은 죽음 못지않게 삶 자체를 괴로움으로 보신 거죠. 그 괴로움을 안고 살아야 하는 것이 중생이므로, 중생에겐 삶 자체가 괴로움이라 하신 겁니다. 중생이 느끼는 선과 악의 개념 또한 괴로움입니다. 그렇지만 깨달음의 경지에 이르면, 깨달음을 통해 성자의 경지에 이르면 괴로움 가운데서도 지혜를 잃지 않으며, 남을 위해 자비를 베풀 수가 있겠지요.

고원영 "선불교는 가끔 유희 같은 느낌이 드는데, 언어의 본질이 원래 초월적이라서 그러한가요? 아니면 아무런 뜻도 없는 단순한 유희인가요?"

설조스님 "선불교든 그 밖의 불교든 부처님은 일반인과 같은 언어를 썼습니다. 교감을 배제한 언어는 유희일 수밖에 없지요. 모든 언어는 인간과 인간 사이든, 혹은 인간과 비인간 사이든 교감이 우선입니다. 이를테면, 내가 꽃을 바라보면서 아름답다는 말을 전합니다. 그 말에 꽃이 기뻐서, 비록 말은 못 하지만 꽃잎을 더 붉게 하여 내게 아름다움을 전해온다고 칩시다. 아름다움이 교감을 통해 더 아름다워

져서, 서로가 사랑스러워지거나 자비로워지는 경지에 이르 겠지요. 그런 교감이 없다면 아무리 좋은 말인들 무슨 의미 가 있겠습니까."

고원영 "불교를 과학적인 종교라고 하는데, 내생이나 윤회를 과학적으로 어떻게 설명해야 할까요?"

설조스님 "글쎄요. 옛날 선사들은 한 생각 전을 전생이라고 하고, 한 생각 후를 내생이라고 했습니다. 한 생각이 일어 나고 멸하는 것을 생사라고 했고요. 내생이나 윤회의 문제 또한 생각하기 나름 아닐까요. 그걸 과학적으로 이건 이렇 고 저건 저렇다고 판단할 수 있는 차원은 아니라고 봅니다. 과학도 생각의 차원에서 발달했을 테니까요."

고원영 "서양의 철학자들은 일찌감치 부처님의 사유가 미래 를 이끄리라 전망했는데 그 까닭은 뭘까요?"

설조스님 "무엇보다 부처님의 지혜와 자비 때문이겠지요. 부 처님의 지혜와 자비는 특정 인종이나 국가에 구애받지 않고 평등했잖아요. 유대인을 가나안으로 인도한 예수의 행적을 기렸지만, 서양의 역사는 불평등에서 벗어나기 어려웠던 시 기가 잦았지요. 신과 인간이 수평적인 관계 자체가 어쩌면 불평등에 속할지도 모르고요. 부처님은 내가 곧 부처라는 인식을 심어 평등이 인간의 본질임을 가르쳤습니다.

서양 철학은 과학의 발전과 자본주의를 통한 생산성 향상으로 인류문명을 그 어느 때보다 풍요롭게 했지만, 그건 어디까지나 물질의 영역에 국한해서였지요. 우리나라가 지금 선진국 문턱에 이르렀다고 하지만, 국민이 정신적 빈곤에서 벗어나지 못하듯 서양 또한 새로운 정신세계를 갈망해야 할 만큼 내면이 공허했던 겁니다. 서양인은 그 공허함을 다른 차원의 정신으로 채우려 했고, 그 과정에서 불교를 찾아낸 겁니다. 내 마음이 평화로워야 세상이 평화롭다는 부처님의 생각은 서양인들에겐 경이로운 세계관이었지요.

불교가 서양문명을 이끌 정신영역인지는 몰라도 널리 퍼지는 추세임은 틀림없어 보입니다.˝

고원영 ˝독일에 이미 19세기 초기에 불교경전이 보급되었다고 합니다. 헤르만 헤세는 중아함경을 읽고 싯다르타와 데미안을 썼다고 하더군요. 우리나라에서도 십수 년 전부터 초기 경전 공부 열풍이 불고 있습니다. 초기불교를 먼저 공부했어야 불교의 바탕을 잘 알 수 있으리란 자각도 한몫 거드는 거 같습니다. 대승불교와 선불교의 폐단이 현 한국불교의 폐단으로 이어졌다고 생각하는 분도 있더군요. 이에 대해 어떻게 생각하시나요?"

설조스님 "대승불교는 초기불교가 발전해서 생긴 겁니다. 대승불교의 진면목을 이해하지 못해서 문제지, 대승불교에 무슨 문제가 있다고는 생각하지 않아요. 부처님 원음이 초기불교에 잘 녹아 있으리란 생각에 초기불교를 선호하는지 모르겠지만, 대승불교로도 얼마든 부처님께 다가갈 수 있습니다.

나라마다 기후가 다르고, 기후에 따른 풍습이 다르고, 입는 옷, 먹는 음식이 다르잖아요. 대승불교건 초기불교건 여건에 따라 부처님 말씀을 다르게 받아들였다고 생각하는 게 옳습니다. 대승불교와 초기불교에 어떤 우열이 있는 것은 아니란 말이지요. 초기불교가 부처님 말씀에 가깝고, 대승불교가 부처님 말씀에 멀다고 생각하는 것은 어리석은 생각입니다. 멀든 가깝든 얼마만큼 진실하게 받아들였냐가 중요하지요. 진실하면 먼 것도 가까이 느껴지고, 부처님 말씀을 건성 받아들이면 가까운 것도 멀게 느껴지겠지요.

예컨대 달라이라마 스님을 생각해봅시다. 달라이라마는 대승불교의 영향권에서 태어난 사람으로 티베트와 몽골에서 거룩하고 신성한 성자로 추앙받는 사람입니다. 그 달라이라마가 대승불교 수행자라서 초기불교를 신봉하는 수행자에 비해 존경을 덜 받나요. 수행자가 얼마만큼 부처님 정법으로 수행하냐, 수행자가 진실하냐, 이것이 중요하다고 봅니다. (곁에서 이 대담을 듣던 원인스님이 조심스레 거들었다.)

원인스님 "달라이라마는 초기불교를 바탕으로 설법을 전개하는 사람이에요. 그가 태어난 티베트는 대승권이고 밀교 쪽이지만 달라이라마는 초기불교에 바탕해서 대중과 소통하는 경우가 많습니다."

설조스님 "달라이라마도 대중과 쉽사리 소통하려다 보니까 초기불교를 자주 인용하지 않나 생각합니다. 초기불교 경전은 이야기를 전개하는 방식으로 부처님 생각을 전하고 있으니까요. 대승불교 경전도 쉽게 풀이해서 이야기처럼 들려줘야 하고, 바로 그것이 우리 스님네의 몫이기도 합니다.

그런데 과거 우리나라 큰스님들의 법문은 일반인들이 알아듣기 어려운 언어를 사용했어요. 한문을 그대로 읽어주는 형식을 취했던 겁니다. 듣는 쪽에서는 그러려니 할 뿐 정작 뜻을 알 수 없었지요.

아까도 얘기했지만 부처님께선 보통의 언어로 일반인과 소통했습니다. 부처님은 무슨 주술 같은 걸 외우거나 도통을 보이시거나 그러신 적이 없어요. 달라이라마도 그 나름

현명하지만, 그렇다고 절대적으로 초기불교 경전만을 인용해야 대중과 소통이 잘 된다는 쪽으로만 이해해선 곤란합니다. 경전이야 어쨌든 당신의 감동을 듣는 사람과 공유하는 것이 중요합니다. 그래야 교화의 폭이 넓어지겠지요."

고원영 "현대사회는 개인보다는 집단의 능력을 더 중요시합니다. 예컨대 대통령 1인의 능력보다는 대통령을 중심으로 인적 시스템을 잘 구축해야 그 나라가 번영한다고 합니다. 미국 나사에서 과학자들의 능력이 총화를 이루어 우주선을 쏘아 올리는 이치겠지요. 그런데 불교는 개인의 수행을 더 중요시해서 공동체의 이익에 어울리지 않는다는 말이 있는데 스님께선 이를 어떻게 생각하십니까?"

설조스님 "부처님은 깨달으신 후에 당신과 가장 가까웠던 다섯 비구를 찾아갑니다. 그들을 먼저 교화하고, 당신과 인연이 있던 사람들을 차례로 교화했지요. 당신 혼자만 수행하지 않았습니다.

스님들도 그래야 합니다. 항상 이웃을 생각하고 이웃과 아픔을 함께해야지 혼자만 수행하는 것은 옳지 않습니다. 스님이 신도들에게 법문할 때면 당신의 떨림을 보통의 언어로 전달해야 합니다. 그렇지 아니하고 지식을 과신하여 어렵게 법문한다든지, 일부러 어려운 한문을 쓴다면 신도들을 교화하기 어렵겠지요. 음악을 좋아하는 사람이 왜 음악회에 가겠습니까. 시디로 음악을 듣는 것이 훨씬 저렴한데 말입니다. 비싼 입장료를 주고 음악회에 가는 것은, 가수를 직접 봐야 가수가 노래하는 것을, 그 떨림을 더 가까이 느껴볼 수 있기 때문입니다. 마찬가지로 신도들도 그런 떨림을 느끼고자 스님을 찾는 것이지요. 불교 최초의 절인 기원정사는 사부대중이 함께 공감을 나누는 공동체였습니다. 불교 자체가 공동체를 의미했다는 방증이지요.'

고원영 "한국불교는 공동체에 대한 관심, 사회에 이익을 주는 종교로 발전하지 못하고 개인의 행복만을 추구하는 기복에 머물러 있다고 합니다. 그로 인해 불자들이 무종교인보다 더 이기적이라는 소리도 들리더라고요. 이를 개선할 방법은 없을까요?"

설조스님 "내가 행복하면 내 주변도 행복해야 합니다. 내 주변뿐이 아니라 더 멀리까지 행복을 전할 수 있다면 그거야말로 대자비라 할 수 있겠지요. 그런데 주변보다 개인의 행복만을 추구한다는 건 지극히 비불교적인 행위지요. 주변이야 어째든 나만 잘 살겠다는 건 이기주의에 다름 아닙니다."

고원영 "불교와의 인연은 어떻게 시작하셨나요?"

(설조스님은 이 질문에 원인스님을 쳐다보며 난처한 듯 웃었다. 스님들이 대부분 출가 전 얘기를 꺼리는 걸 알기에 나도 웃었다.)

설조스님 "우리 집 가문은 양양에서는 명문가 가세를 지녔어요. 17대조 할아버지가 양양 부사로 부임하셔서 400여 년을 양양에서 살았고, 대대로 행세깨나 했지요. 그러다가 일제강점기와 6·25전쟁을 치르면서 가세가 기울었어요. 증조할아버지는 일본식 교육을 극구 반대하셨어요 '일본놈한테 교육받으면 일본놈이 되고 만다'고 하셨죠. 누구나 그렇지만 한때 내게도 삶과 죽음의 문제에 천착하는 예민한 시기가 찾아왔어요. 하루는 앞집 사람이 다니는 안식일 교회에 따라갔어요. 그렇게 기독교와 인연을 맺었지만, 얼마 안 가서 목사와 다퉜어요. 목사가 설명하는 창세기를 나로선 이해할 수 없었던 거죠. 목사는 나더러 '믿음이 없어서 문제'라고 꾸짖었고, 나는 나대로 '믿음이 없는 사람을 설득해야 하지 않느냐'고 대들었지요. 지적 호기심이 왕성했던 때라 나는 백과사전을 사다가 기독교를 공부했는데, 그쪽 세계는 왠지 내가 이해할 수 없는 부분이 많았어요. 그 무렵 나는 독서에 빠졌는데, 이광수 선생님의 소설 '원효대사'를 읽고 새로운 길에 눈이 열리는 느낌이었어요. 나는

낙산사와 신흥사를 찾았고, 거기서 금오스님이 계신 청계
사로 갔지요."

고원영 "스님께선 수행하다가 어떤 신비 체험을 했던 적은
없었나요? 그 순간 미간이 열린다는 말도 있던데요."

설조스님 "용성스님이 지으신 '육자대명왕경'이란 손바닥 크
기의 해설서를 우연히 보았는데, 화두에 들기 전에 그 책을
열심히 읽었습니다. 용성스님은 못 뵀지만, 그 책을 읽고
크게 감흥을 느꼈지요. 그 순간 세상이 열리는 느낌이었는
데 그걸 뭐라 표현할 길이 없군요. (스님은 '그 순간을 얘기하면
이상하게 여길 텐데……'말끝을 흐렸다.)

그 후, 세월이 흘러 그 책을 처음 읽었을 때의 감흥을 까마
득히 잊었다가 전라도 장수에 있는 용성스님 생가 죽림정
사에 들렀더랬어요. 그 집 유물관에서 근 60년 만에 육자대
명왕경을 보고 뭉클했습니다. 저는 용성스님에게서 은혜를
입었습니다.

고원영 "설정 총무원장이 단식장에 두 번 찾아왔는데 무슨
제안은 없었나요?"

설조스님 "'비웠다'고만 했어요. '다 비웠다'고 했어요. 그러

더니 이삼분도 아니고 1분 20초 만에 가버렸어요. 다른 얘
긴 일절 없었습니다."

(1분 20초란 말에 병실에 있던 사람들 모두 웃었다)

고원영 "스님은 단식법문에서 자주 '죄송하다'고 했는데, 초
기경전 번역으로 유명한 전재성 박사가 인용하길, 불교에
서는 도덕적 부끄러움과 창피함을 아는 것이 우주를 지탱
하는 두 기둥이라고 했습니다. 비리로 얼룩진 한국불교의
스님들은 무엇보다 이런 자각이 필요하다는 말이 있습니
다. 어떻게 생각하십니까?"

설조스님 "내가 '죄송하다'라는 말을 되풀이한 것은 말로써
타인을 설득해야 하는데, 내가 법력이 부족해 그럴 능력을
발휘하지 못하니까 몸으로라도 개혁을 외쳐야겠다 싶었던
거지요. 한국불교의 스님네들이 어떻게 대중에게 잘못을
사과해야겠습니까? 교단의 잘못은 어떤 수식어로도 부족
하다 할 것입니다. 나로선 그저 '죄송하다'는 말밖에 생각
나지 않았습니다. 어떻게 보면 그 말은 참 무지한 표현이지
만, 교단의 변화를 내 몸을 학대해가면서 주장하는 사람으
로서 그 말밖에 생각나지 않더라고요. '죄송하다'는 말을
듣고 감동했다는 사람도 있다는데, 몸만 남은 나로선 그 말

조차도 구차했습니다."

고원영 "올여름 유례없는 더위였습니다. 100년 만의 더위라
고 하는데, 그 뜨거운 햇볕을 천막 하나로 버텨낸 하루하루
가 길게 느껴지진 않으셨는지요?"

설조스님 "아니오. 아침에 눈 뜨면 바로 저녁이더라고요. 나
는 한 30일 살면 내 목숨이 끊어지겠거니 생각했습니다. 하
루가 그렇게 빠르게 지나갈 수 없었어요."

고원영 "소금 한 포대를 누가 보내왔나요?"

설조스님 "처음엔 몰랐는데 어떤 여성신도가 '소금을 천막
주변에 뿌리면 해충이 들어오지 않는다'면서 보내왔던 거
지요. 처음에 난 그걸 다 먹으라는 줄 알았어요."(다들 웃음.)

고원영 "조계종의 갈등만큼이나 갈등이 많은 사회입니다. 부
처님께선 이런 경우 어떤 해법을 내놓으셨을까요? 노구에
41일이나 단식하면서 변화를 외치신 분으로서 불자와 국
민에게 한 말씀 해주십시오."

설조스님 "모든 시작은 늘 나로부터입니다. 한 사람의 바른
생각에 이웃사람이 감동하고, 이웃사람의 생각도 바르게

변할 수 있습니다. 아울러 우리 교단도 바르게 변하지 않겠는지요. 교단이 변하길 바라는 사람일수록 자기 생각을 바르게 하여 그 생각이 널리 확대되길 소망해야겠지요. 소망이 바르지 않고 증오심이나 욕심을 품는다면 어떤 일이든 그르치고 말 것입니다. (설조스님의 단식선언을 듣고 정견(正見)을 떠올렸는데, 역시 '바르다'라는 말을 반복하고 있었다. 스테판 에셀의 어머니가 자식에게 가르쳤다는 말도 떠올랐다. 네가 행복해야 남도 행복하게 해줄 수 있다. 그러니 항상 행복하라.)

고원영 "마지막으로 전하실 말씀은 없으신가요?"

설조스님 "내 생각은 이렇습니다. 불자는 '장사꾼'이 아닙니다. 일이 '성사되고 안 되고'에 관계없이 옳은 주장을 하고, 옳은 주장이 관철될 때까지 계속 정진해야 합니다. (내가 그 말에 '승려대회를 염두에 두고 하신 말씀이냐'고 물었더니, 설조스님은 '네'하고 짧게 대답했다.)

왜 절에 다니는가? 어느 절에서 스님이 물으니, 법석에서 누가 대뜸 '행복해지기 위해서'라고 대답했던 말이 기억난다. 진부했지만 틀린 말은 아니었다.

작년에 나는 전라북도 전주와 완주, 김제에 걸쳐 있는 모악산 순례길을 걸었다. 김제 귀신사에서 출발해 금산사로 가는 길에서 나는 금산교회와 수류성당을 보았고, 금평저수지를 둘러싼 동곡마을에서는 증산교 창시자 강일순이 세상 민심을 치유했다는 동곡약방, 대순진리회당, 원불교 원평교당을 보았다. 모악산이 그림자를 드리운 그 길에는 미륵신앙을 일으킨 진표율사, 동학교의 전봉준, 원불교의 소태산의 흔적도 남아 있었다. 그들은 백성들이 믿고 따를 만큼 남다른 신통력을 지녔을까. 아니다. 그들은 백성을 대신해 아파하고, 죄를 빌어 용서를 구하고, 행복하게 살게 해달라고 기도했다. 백성들은 그들을 통해서 구원받을 수 있다는 데 감사하지 않을 수 없었을 것이다. 그러지 않고서야 어찌 지금까지 그들의 흔적이 남을 수 있겠는가.

모악산 아래 동곡마을에서 신흥종교가 발흥했을 때가 우리 근대사의 가장 난세였다. 그로부터 100년이 지났다. 사람들은 그때나 지금이나 난세라고 입을 모은다. 그도 그럴 것이, 단지 망국과 전쟁과 군사독재라는 역사적 광기를 벗어나면서 더 이상 불행은 없으리라 안심했을 때 독점자본주의가 입을 벌리고 있었다. 대한민국은 하이테크 시대라는 미망에 이끌려 정치마저 거대 자본에 무기력해지고 말았다. 비정규

직과 고용불안은 약자에 대한 멸시를 일상화하는 지경에 이르렀다. '인내는 쓰지만 열매는 달다'고 했지만 그 열매 속에는 무기력이 들어 있었다. 무기력은 천민자본가가 주도하는 부정과 비리를 멍하니 쳐다보는 무관심으로 변했다.

그때나 지금이나 난세로되, 모악산 아래 순례길에서는 종교라도 꽃피울 수 있었다. 지금은 종교가 속속 문을 닫는 시대이다. 어떻게 해야 할까? 스테판 에쎌과 설조스님 같은 옛사람의 등장은 현대인의 과학적 사고와 촘촘한 논리가 한계에 이른 결과라고 나는 생각한다. 그들은 지독한 역경에도 희망을 노래했던 세대다. 그들은 실망하지 말고 이 땅에 만연한 분노의 근원을 똑바로 보라고 격려한다. 두 사람은 어쩌면 현대인의 행복을 빌고자 오히려 분노를 가르쳐주었는지도 모른다. 거창한 행복이 아니다. 인간으로서 꼭 필요한 자유, 인간다운 삶을 유지하기 위한 최소한의 권리이며 제도이다.

나 하나 침묵한다고 바뀔 세상이 안 바뀔까. 분노에 대열에 합류하지 않는 사람은 대부분 이렇게 생각하는 것 같다. 그 생각이 그 한 사람에 해당하지 않고 사회 전체에 만연하면 절대로 세상이 바뀌지 않는다는 사실을 직시해야 한다. 나를 바꿔야 세상이 바뀐다.

2018년
전국승려대회

경허의 제자 만공스님과 수월스님은 어느 날 같은 자리에 있었다. 수월이 느닷없이 숭늉 그릇을 내밀었다.

"이보게 만공, 이걸 숭늉 그릇이라고도 하지 말고, 숭늉 그릇이 아니라고도 하지 말고 한마디 똑바로 일러 보소."

잠시 침묵했던 만공이 숭늉 그릇을 들고 일어났다. 방문을 열더니 다짜고짜 밖으로 내던졌다. 마당에 떨어진 그릇이 산산이 조각났지만 만공은 아무 일 없었다는 듯 자리에 앉았다. 그런 만공에게 수월은 합장하고 고개를 수그렸다.

만공과 수월, 두 사람의 선문답은 바로 그 자리에서 우리를 향해 돌직구처럼 날아오는 삶의 난제에 대한 새로운 차원의 해결법이다. 8월 26일의 전국승려대회가 바로 그것이다.

진제스님은 종헌·종법에 따라 질서 있게 후임 총무원장을 선출하라고 교시했다. 그러나 누구를 위한 질서란 말인가. 기존 체제에서 기득권 세력이 또다시 총무원장과 요직을 차지하면 부패의 회전문을 멈추기 어렵다고들 입을 모은다.

조계종 총무원장은 국회 격인 중앙종회 의원 81명과 각 교구에서 선출된 240명의 선거인단이 간접선거로 뽑는다. 중앙종회 의원도 일부 직능 대표를 빼면 교구별로 선출한다. 총무원 집행부와 중앙종회, 각 교구본사의 요직을 차지한 기존 세력이 다시 주도권을 잡을 수밖에 없는 구조이다. 지난해 선거는 종회의 3문의 2 이상을 포진한 친 자승 세력이 밀어줬기 때문에 별 세력이 없는 설정이 당선할 수 있었다.

한마디로 공허한 위계질서다.

조계종 개혁은 권력구조 해체가 필수적이다.

기존의 선거법을 뛰어넘지 않고는, '그릇 깨기'를 하지 않고는 판을 바꾸기 좀처럼 어렵다. 개혁 세력이 내세운 직선제 개혁은 바로 판을 바꾸고자 하는 시도이다.

태풍 솔릭을 피해 23일로 예정한 승려대회를 연기했지만 창문에 빗방울이 맺혔다. 그래도 쏟아져 내리는 비가 아니길 다행이다. 8월 26일 일요일, 나는 오후 2시가 훨씬 지나서야 조계사에 갔다. 스피커 소리가 도시의 소음을 뚫고 멀리까지 들려왔다. 차도를 경계로 양쪽이 대치했는데 조계사 스피커가 개혁 측을 압도했다. 휴전선을 사이에 두고 남과 북이 서로 비방하고 회유하면서 확성기 전쟁을 치르는 식이었다.

6월 20일 처음 보았던 '조계사 성역화불사 기원법회'는 규모를 대폭 확대하여 '교권수호결의대회'라는 이름으로 바뀌었다. 대웅전 앞마당과 총무원 건물 앞에서 스님들과 신도들이 플라스틱 의자에 앉아 끊임없이 다라니경을 암송했다. 총동원령을 내린 모양이었다. 중앙종회와 교구본사주지협의회, 조계사, 봉은사, 직할교구 사찰들을 망라하는 대규모 맞불집회다. 대웅전 옆에 걸린 대형스크린이 교육원장 현응스님을 가까이 잡아낸다. 1994년 개혁 운동의 대표적인 인물이 교권을 수호해야 하는 처지로 뒤바뀐 모습이었다. 현응스님이 젊은 날 썼다는 '깨달음의 역사'를 읽고 얼마나 감동했던가. 그렇게 봐서 그런지 두 시간 넘게 주구장창 읽어대는 천수경 대다라니를 따라하느라 매우 지친 기색이었다. 현응스님이 입만 벙긋거리는 데 비해 다른 스님들은 악착 같이 다라니경에 매달렸다.

승려대회는 원래 8월 23일 예정했다가 26일로 바뀌었다. 교권수호 결의대회도 23일 개최하기로 했다가 26일로 나란히 바뀌었다. 돌부처도 웃고 갈 희극이지만, 분위기는 스마트폰을 들어 그 장면을 찍기 어려울 만치 삼엄했다. 목에 명찰을 매단 종무원이 매의 눈으로 주변을 살피고 있었다.

조계사 밖으로 나와 건너편을 바라봤다. 스님들과 재가자들이 찻길에 주저앉아 있었다. 조계사에 동원된 신도보다 숫자는 적었지만, 그쪽 분위기와는 달리 사람이 모여 있는 분위기였다. 마이크를 잡은 스님들이 과격한 발언을 쏟아내고 있었다. 전경들을 뚫고 총무원을 점령해야 하는 거 아니냐. 어디 가서 휘발유 통을 구해와야겠다. 그 소리에 수좌들은 등을 꼿꼿이 세운 채 빙그레 웃었고, 비구니 스님들은 손으로 입을 가리고 따라 웃었다. 여기저기서 불쑥불쑥 스마트폰을 켠 손이 올라와 사진을 찍어댔다.

설조스님이 무대에 올랐다. 긴 단식만큼 더딘 회복에 힘겨웠으나 흔들림 없이 무대 한가운데에 똑바로 섰다. 곁에는 법주사 도반인 각명스님이 앉아 있었다. 설조스님이 녹색병원으로 실려 가자 각명스님이 뒤를 이어 20일이 넘는 단식을 이어가고 있었다.

"교단이 사기꾼 협잡꾼이라는 모욕을 당해도, PD수첩이 제기한 의혹과 불자들의 비판에도 별 반응이 없던 원로스님들이 동요하기 시작했습니다. 국내 도박장이 비좁아 국제 원정을 나간 도박사들과 은처승들은 교단을 떠나야 합니다. 여러분이 교단의 고름을 짜내고 병을 뿌리 뽑을 수 있도록 분발해 주십시오."

여든여덟 노인이 처음 단식선언을 할 때와 마찬가지로 특유의 어눌하고도 단호한 목소리로 조계종단을 맹공했다.

그 어떤 상처도 곪으면 터지는 법이다. 곪을 대로 곪다가 터져서 자연치유가 되겠거니 기대하는 사람이 있을지도 모른다. 그러나 더 번져서 생살에 전이되기 전에 짜내야 한다면 적기를 놓치지 말아야 한다.

'전국승려대회'는 어쩐 일인지 개최 하루 전 '전국승려결의대회'로 바뀌었다. 이를 두고 어떤 재가자들은, 스님들이 약속을 어겼다고 비난한다. 스님들의 흉중은 알 수 없지만, 승려대회 한방으로 끝날 기득권 세력이 아니기에, 향후 개혁운동의 지속성까지 고려한 포석으로 이해하고 싶다.

승려대회가 끝나자 각 언론은 숫자 세기에 바쁘다. 나는 카메라를 메고 조계사 안팎을 두루 다녀서 양측에 비슷한 숫자가 모였다고 생각하는데, 주류언론과 불교신문은 교권수호결의대회 측이 더 모였다고 보도한다. 어디에서는 1만 명, 어디에서는 5,000명 들쑥날쑥한다. 이 세상에 없던 사람이 집회를 통해 새로 태어났거나, 이 세상 바깥으로 한 번도 빠져나간 적 없는 사람이 조계사 안팎에서 갑자기 투명인간으로 변했거나 둘 중 하나다.

찻길에 앉은 스님들은 조계사 마당에 동원돼 다라니경을

외우는 스님들과는 차원이 달랐다. 신분 노출을 꺼리는 스님에게 마스크를 쓰도록 했지만 막상 그런 스님은 별로 보이지 않았다. 징계를 두려워하지 않는 스님이 대부분이었다는 건 대한민국 불교에 여전히 명분과 희망이 살아있다는 증거 아닌가.

"명분으로 무장해 전열을 가다듬으시길 바랍니다. 수가 적어도 명분이 있으면 살길이 열립니다. 무엇보다 부처님의 가호가 있습니다."

노장 설조의 목소리가 죽비소리처럼 들려왔다.

돈도 권력도 없는 수좌들과 징계당하고 멸빈당해 집도 절도 없는 스님들은 용감했다. 물론 개혁을 갈망하는 우리 재가자들의 행렬은 거칠면서도 아름다웠다. 행진하는 한 사람 한 사람이 자기 삶의 주인공이고 부처였다. 절반의 승리다. 언젠가는 나머지 절반을 채워 '승늉 그릇이지도 승늉그릇이 아니지도 않은' 조계종의 모호하고도 비루한 그릇을 깨고 새로운 차원의 세상을 열리라고 믿는다.

모두가 아프기에
나도 아프다

절에 다니는 사람뿐 아니라 누구나 행복하게 살길 원하는
데, 갈수록 빈부격차가 심해진다. 부자도 가난뱅이도 세습된
다. 밤에 고속도로를 달리다가 어떤 화물트럭 기사는 운전대
를 쥔 채 소리 질렀단다. 내 부모도 나도 노동자고, 내 아들딸
도 미래의 노동자다! 쪽방에 들어앉아 재벌가의 막장 드라마
를 보는 노인의 무표정한 얼굴이 떠오른다. 세상이 온통 고
달프다. 최고의 실업률이 고달프고, 최고의 가계부채가 고달
프고, 최고의 자살률과 이혼율이 고달프다. 부조리한 것은 이
같은 중생고에도 어두워야 할 도시가 점점 깨끗해지고 투명
해지고 있다는 사실이다. 도시를 장악하는 유리건물들은 중
생고를 차갑게 내려다보는 사이코패스이다. 서울 도심의 저
화려한 유리건물 아래서 낮술에 취한 부랑자들은 오늘도 휘
청거린다. 그들 중 어떤 이는 전생의 인연 때문인지 빵 봉지
와 소주병을 들고 조계사 근처를 배회한다. 그들은 설조스님
단식장에 드나들던 노숙자들이다.

종교 인구가 줄고 있다. 돈이 있어야 교회든 절이든 갈 수 있다고 한탄하는 신자도 있다. 무종교라서 종교인처럼 불행하지 않다는 우스갯소리도 들린다. 조계사에 드나드는 스님들 중 노숙자를 보거나 절을 떠나는 신자를 보고 마음 아파하는 이가 몇이나 될까. 그렇게 보아서 그런지 모두 잘못한 게 없다고 시치미를 떼는 얼굴들이다.

유마힐은 '중생이 병들어 아프니 나도 아프다'란 유명한 말을 남긴 인물이다. 그를 기술한 유마경이 위경이고 유마힐조차 실존인물이 아니라는 얘기가 있지만, 그가 남긴 말의 수레바퀴는 2,562년을 굴러와 오늘에 이르고 있다. 유마힐이 병이 든 것은 중생과 아픔을 함께하기 때문이다. 그렇다면 중생이 행복하면 유마힐도 따라서 행복할까. 나는 그렇게 생각하지 않는다. 중생이 행복할 때도 유마힐은 늘 아프다. 중생이란 원래 아픈 사람들이기에 유마힐의 아픔은 근본적으로 치유되지 않는 병이다. 단언컨대 유마힐의 본질은 아픔이다. 조계종의 높은 자리에서 돈 걱정 없이 부유하고 풍요롭게 사는 스님들은 유마힐의 아픔을 알아야 한다. 당신들의 돈과 권력은 중생의 가난과 희생 위에 지은 누각이다.

설조스님 천막을 지키는 김용배 씨가 내게 전한 얘기가 떠오른다. 설조스님을 찾아왔다는 할머니는 무슨 마음이었을까. 설조스님을 부처나 유마힐로 보았을까. 아니면 조계사 대웅전이나 스님들에게 가까이 갈 수 없는 처지였을까.

설조는 할머니의 긴긴 얘기를 끝까지 들어주었다. 그녀에게 전한 위로에는 어떤 신통도 들어 있지 않았다. 그래도 희망을 잃지 마시고 기도 열심히 하시라. 그 기도에 간절함을 담으시면 부처님께서 응답하실 것이다. 할머니가 그 말에 크게 감동한 것은 설조가 밥을 굶는 사람이었기 때문인지 모른다. 밥을 굶는 사람에게서 느끼는 감동은 천둥 같았다.

여기까지 글을 썼으니 뒤늦게 나도 독자들에게 전하고 싶은 말이 있다.

나는 설조스님의 절대적 지지자가 아니다.

그에 대한 존경이 남달리 큰 것도 아니다.

그러나 희망이야말로 세상을 변화시킬 수 있는 가장 강력한 힘이라고 믿는다. 모든 기도에는 희망이 있다. 그는 불교개혁이 정말로 어렵다고 생각했을 때 홀연히 우리 앞에 나타났다. 그가 우리에게 희망을 가져다준 건 아니지만 그를 통해 희망을 느낀 것은 사실이다.

극심한 아픔은 굶주림과 같다. 설조는 그래서 밥을 굶었다. 할머니는 속 썩이는 자식들 때문에 울고 싶었다. 할머니 못지 않게 설조도 아팠기에 그가 할머니에게 건넨 위로에는 커다란 떨림이 있었다. 울먹이던 할머니가 활짝 웃으면서 단식장을 나왔다. 할머니는 생각했는지 모른다. 설조스님이 나를 위해 밥을 굶는지도 몰라.

그대가 아프니
밥을 굶는다

설조스님, 41일간의 단식 이야기

초판 1쇄 발행   2018년 9월 10일

지은이 고원영
사진   고원영 · 김정현
펴낸이 고영창
펴낸곳 천지간

편집   김종극 · 유성복
디자인 이창욱
인쇄   예림인쇄

주소   서울시 종로구 계동길 52-13, 201호
전화   (02) 720-7455   **팩스**   (02) 912-2459
이메일 rainytrees@naver.com **홈페이지** blog.naver.com/rainytrees
등록   2018년 8월
isbn 979-11-950847-1-5